Zander · Führung in Klein- und Mittelbetrieben

Führung in Klein- und Mittelbetrieben

von Prof. Dr. rer. pol. Ernst Zander

7., überarbeitete und erweiterte Auflage

Rudolf Haufe Verlag
Freiburg im Breisgau

CIP-Titelaufnahme der Deutschen Bibliothek

Zander, Ernst:
Führung in Klein- und Mittelbetrieben/von Ernst Zander.–
7., überarb. und erw. Aufl. – Freiburg im Breisgau: Haufe, 1990
ISBN 3-448-02197-0

ISBN 3-448-02197-0 Best.-Nr. 04.08

1. Auflage 1981 (ISBN 3-448-01110 X)
2., überarbeitete Auflage 1982 (ISBN 3-448-01265-3)
3., durchgesehene Auflage 1983 (ISBN 3-448-01352-8)
4., überarbeitete und erweiterte Auflage 1984 (ISBN 3-448-01483-4)
5., überarbeitete und erweiterte Auflage 1986 (ISBN 3-448-01675-6)
6., überarbeitete und erweiterte Auflage 1989 (ISBN 3-448-01974-7)
7., überarbeitete und erweiterte Auflage 1990

Umschlaggestaltung: Strehlau und Hofe, Freiburg
Herstellung: Rombach GmbH, Druck- und Verlagshaus, Freiburg

Vorwort zur 7. Auflage

Durch die aktuelle Entwicklung in der DDR und in Osteuropa ist die Bedeutung der Klein- und Mittelbetriebe erneut in den Vordergrund gerückt. Ihren hohen Anteil in der Wirtschaft hat auch die letzte Betriebszählung bestätigt.

Die schnelle Reaktion des Verlages nach Öffnung der Grenze machte es möglich, daß die letzte Auflage schon vor Inkrafttreten der Währungsunion in die DDR geliefert werden konnte.

Eine in vielen Großunternehmen zu beobachtende Entwicklung, die Handlungsmöglichkeiten und die Verantwortlichkeit stärker auf Führungskräfte zu verlagern, wird die Personalführung der verschiedenen Unternehmensgrößen annähern. Da die Vorgesetzten oft aber nicht über die notwendigen Informationen und Kenntnisse verfügen, lassen sich Fehler im Vorfeld, z. B. einer gerichtlichen Auseinandersetzung, kaum noch vermeiden. Darum sind die erstmalig in der 6. Auflage angeführten arbeitsrechtlichen Entscheidungen auf den neuesten Stand (BetrVG-Novelle 1989) gebracht worden.

In zwei neuen Kapiteln wird auf die Fragen des Umweltschutzes und die neuere Entwickung in Richtung auf Europa eingegangen.

Von allen, die mich wiederum unterstützten, möchte ich mich besonders bei Frau Karin Zander, Herrn Dr. Maximilian Dege, Herrn Dr. Helmut Glaubrecht und Herrn Dr. Claus Kemmet bedanken.

Hamburg, im Juni 1990 — Ernst Zander

Aus dem Vorwort zur 1. Auflage

Die Mittel- und Kleinbetriebe mit unter 500 Mitarbeitern stellen über 99% der deutschen Unternehmen dar und beschäftigen ein Drittel aller Arbeitnehmer. Trotzdem werden sie in Veröffentlichungen – besonders in der wissenschaftlichen Literatur – sehr vernachlässigt. Dabei sind Fragen der Führung und neuerdings auch der Betriebsverfassung, die früher dort nur am Rande interessierten, stärker in den Vordergrund getreten. Immer mehr Mitarbeiter erwarten – unabhängig von der Betriebsgröße –, daß sie rechtzeitig und ausreichend informiert werden und verantwortlich mitwirken können.

Angeregt durch Leser des nun schon in der 6. Auflage erschienenen Buches „Lohn- und Gehaltsfestsetzung in Klein- und Mittelbetrieben" entstand diese Veröffentlichung. Von den verschiedenen Fachleuten, die mich bei der Materialsammlung unterstützten, möchte ich mich besonders bei Herrn Rüdiger Pillat bedanken, dessen reichhaltige Seminarerfahrungen Berücksichtigung fanden. Aus der Sicht der Handwerkskammer sah Herr Clemens Caeser den Text durch. Große Unterstützung erhielt ich von Herrn Dr. jur. Helmut Glaubrecht, Herrn Horst Krause und Herrn Dr. Dieter Wagner. Korrektur las Fräulein Karin Zander.

Hamburg, im November 1980

Ernst Zander

Inhaltsverzeichnis

Seite

1 Zur Situation der Klein- und Mittelbetriebe

Die Bedeutung der Klein- und Mittelbetriebe wird von der Gesellschaft immer mehr anerkannt. Das hat sicherlich verschiedene Gründe.

Einmal ist die Beweglichkeit kleiner Betriebe am Markt besonders groß. Die gut funktionierende Versorgung mit Gütern und Dienstleistungen ist besonders auf die große Zahl von kleinen und mittleren Betrieben zurückzuführen. Von den 2,6 Millionen Betrieben, die es in der Bundesrepublik gibt, haben 93 % weniger als 20 Beschäftigte, die meisten sogar weniger als 10. Nur 1,3 % aller Betriebe beschäftigen mehr als 100 Mitarbeiter.

Wie dieses im einzelnen aussieht, machen die Ergebnisse der Arbeitsstättenzählung 1987 deutlich.

Abb. 1: **Arbeitsplätze bei Groß- und Kleinbetrieben**

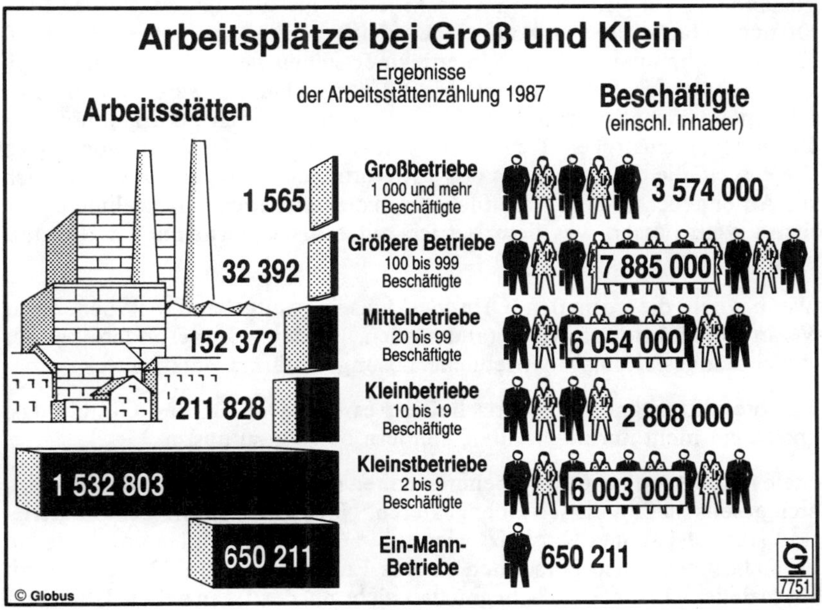

Aber nicht nur die Medien in Deutschland beschäftigten sich stärker mit den Klein- und Mittelbetrieben. So gibt es in den USA Veröffentlichungen, die dem „small business“ Referenz erweisen. Listen von den 500 besten Klein- und Mittelunternehmen – sowohl mit den höchsten Wachstumsraten als auch mit den höchsten Gewinnen – werden veröffentlicht.[1] Danach entdecken Großunternehmen, daß sie viele Qualitäten des Kleinbetriebes übernehmen müssen, um in der sich ändernden Marktsituation wettbewerbsfähig sein zu können.

Auch in der tarifpolitischen Landschaft tritt die mittelständische Wirtschaft stärker hervor. Ein Beispiel dafür sind die Ausführungen des BJU-Bundesvorsitzenden Dr. Michael Fuchs auf der Jahresversammlung 1988 in München. Dort erneuerte er seine umstrittene Forderung, Öffnungsklauseln in Tarifverträgen einzuführen und dadurch die Flexibilität zu verbessern: „Öffnungsklauseln in Tarifverträgen bilden nach unserer Auffassung eine Möglichkeit, Tarifverträge auf Betriebsebene mitzugestalten, das heißt, Betriebsräte und Unternehmensleitung können gemeinsam von den bestehenden tarifvertraglichen Regelungen abweichen! Grundvoraussetzung ist eine Einigung zwischen Betriebsrat und Unternehmensleitung. Dabei ist zu beachten, daß die Friedenspflicht weiterbesteht. Kommt keine Einigung zustande, so gilt weiterhin die Vorschrift des Tarifvertrages wie bisher. Eine Öffnungsklausel ist also somit nicht gleichzusetzen mit einem Haustarif. Der Arbeitnehmer und der Unternehmer stehen beide unter dem möglichen Schutz des Tarifvertrages. Mit Öffnungsklauseln wäre es aber möglich, neue Arbeits- und Lohnflexibilisierungsformen[2], kurz innovative Lösungen, anzustreben. Das ist eine Rückdelegation der Verantwortung an diejenigen, die die Lasten aus den Tarifverträgen zu tragen haben, nämlich die Arbeitgeber und die Arbeitnehmer in den einzelnen Unternehmen. Niemand weiß besser, was dem Betrieb nützt, als Unternehmer und Belegschaft!“

Wenn auch die formalen Öffnungsklauseln weitgehend bei den dafür Verantwortlichen auf Widerstand stoßen, werden – insbesondere bei der Arbeitszeitgestaltung – betriebliche Lösungen stärker praktiziert.

Für die mittelständische Wirtschaft ist es sehr wichtig, den Gestaltungsspielraum nicht nur zu erhalten, sondern bewußt zu nutzen.[3]

Viele mittelständische Unternehmen haben auch erkannt, wie wichtig es ist, sich gesellschaftspolitisch zu engagieren. Nach einer Studie der Industrie- und Handelskammer Koblenz[4] wiesen 61 % der befragten Unternehmer ein ehrenamtliches, also persönlich aktives Engagement auf, 23 % davon mit finanziellem Einsatz. 17 % begnügten sich mit der finanziellen Unterstüt-

1 Vgl. Naisbitt, J., Aburdene, P. (1986), S. 111
2 Vgl. zu den Formen der Arbeitszeitflexibilisierung: Glaubrecht, H., Wagner, D., Zander, E. (1988)
3 Vgl. zu den Gestaltungsmöglichkeiten: Zander, E., Glaubrecht, H. (1987)
4 Vgl. Industrie- und Handelskammer Koblenz (1988)

zung gesellschaftlicher Einrichtungen, nur 22% verfügten über kein Ehrenamt. Die Interessenlage der engagierten Unternehmer geht aus der Rangfolge der Ehrenämter hervor: 30% arbeiten in Institutionen der Wirtschaft (Kammern und Verbänden) mit, 19% in der Politik (überwiegend in Ortsparlamenten), gefolgt von einer ehrenamtlichen Mitwirkung in sportlichen, öffentlichen, kulturellen, kirchlichen und sozialen Institutionen und Organisationen.

Viele Großverbände interessieren sich für oder unterstützen die mittelständische Wirtschaft verstärkt. So hat die Bundesvereinigung der Deutschen Arbeitgeberverbände ihre praktische Arbeitshilfe für Klein- und Mittelbetriebe[5] neu herausgegeben. Darin wird betont, daß die Aufgabenstellung des einzelnen Mitarbeiters durch die geringere Arbeitsteilung oft komplexer ist und höhere Flexibilität und Übernahme von Verantwortung erfordert. Die meist größere Personalintensität läßt die Personal- und Personalzusatzkosten bedeutsamer erscheinen und macht die Beschaffung guter Mitarbeiter schwieriger. Andererseits nutzen viele Klein- und Mittelbetriebe noch nicht alle Möglichkeiten bei der Anwendung von Führungstechniken und Instrumenten der Personalarbeit.

Positiv schlägt sich in den Klein- und Mittelbetrieben der direkte persönliche Kontakt nieder, der zwischen den Führungskräften und ihren Mitarbeitern möglich ist. Ein besserer und ungehinderter Informationsfluß ist die Folge.

Eine besonders schwere Hypothek bilden für die Klein- und Mittelbetriebe die Bewältigung der administrativen Arbeiten, die Belastung mit Steuern und die immer stärker anwachsenden Soziallasten. Stabstellen, die die vielen Gesetze und Verordnungen bearbeiten könnten, sind nicht vorhanden.

Die Probleme, die die mittelständischen Unternehmen in besonderem Maße belasten, sind aus einer Reihe von Studien ersichtlich. Nicht von ungefähr wollen viele Klein- und Mittelbetriebe ihren Personalstand abbauen und in Anpassung an veränderte Marktbedingungen die Kapazitäten verringern.

Wer die Situation der Klein- und Mittelbetriebe beschreiben will, kommt nicht umhin, auf das Verhältnis zu den Großunternehmen einzugehen. Zunächst einmal gilt es hier, mit dem Schreckgespenst einer Übermacht der Großbetriebe aufzuräumen. Die Kleinen gehen nicht an den Großen zugrunde. Es sind andere Gründe, die zum Niedergang führen. Hierzu gehören Wachstumseuphorie, Diversifikation ohne Know-how, Kopflastig-

5 Vgl. Bundesvereinigung der Deutschen Arbeitgeberverbände (1988)

keit und fahrlässige Führung. Eine Untersuchung, die anhand von Konkurs- und Vergleichsakten bei verschiedenen Amtsgerichten vorgenommen wurde, zeigt vor allem diese Ursachen von Unternehmenszusammenbrüchen auf.

Weniger der Mangel an Eigenkapital als vielmehr unzureichende Betriebsführung und fehlende unternehmerische Planung sind in fast 60% aller Insolvenzfälle die Ursache für das Ausscheiden der Betriebe aus dem Markt. Gründungsfehler, Absatzschwierigkeiten, falsche Personalplanung, Fehlinvestitionen sind nur einige Stichworte, die als Folge unterlassener vorausschauender Planung den Mißerfolg begründen.

Klein- und Mittelbetriebe zeigen folgende Schwachstellen: im Personalbereich der Generationswechsel, im Rechnungswesenbereich die ungenaue Zurechnung der Kosten auf die Kostenstellen und Kostenträger, im Marketingbereich die unzureichende Marktforschung, im Informations- und Kommunikationsbereich das wenig zielgerichtete Informationsverhalten.[6] Zu ähnlichen Feststellungen kommt Manfred P. Wahl mit folgenden Thesen[7]:

1. Die eindeutige Definition des Unternehmenszieles, eine Festlegung der Grundsätze der Geschäftspolitik und deren Weitergabe an die Führungskräfte, fehlt in vielen Familienunternehmen.

2. Ohne Delegation von Routinearbeit verzettelt man sich.

3. Ein wesentlicher Schwerpunkt der Zukunftssicherung für mittelständische Betriebe ist die intensive Weiterbildung aller im Unternehmen tätigen Personen.

4. Ein Unternehmen muß von Führungskräften (und solchen, die es werden wollen) Qualifikation in persönlicher und sachlicher Beziehung fordern.

5. Kontinuität im Innovationsprozeß ist die zweite Schwachstelle „Nummer eins".

6. Strategische Überlegungen zur Unabhängigkeit von Konjunkturzyklen fehlen.

7. Gewinnmaximierung ist kein Unternehmensziel.

6 Vgl. o. V. (1982), S. 188
7 Vgl. Wahl, M. P. (1982), S. 153 ff.

8. Die Interessen der Familie müssen sich mit denjenigen des Unternehmens decken.
9. Die Hoffnung auf Aufträge muß mit nachweislichen Stärken des Unternehmens und seiner Produkte begründbar sein.
10. Der Kommunikation mit dem ökonomischen Umfeld des Unternehmens wird zu wenig Bedeutung beigemessen.

Die Lebensfähigkeit der Klein- und Mittelbetriebe ist größer als vielleicht da und dort vermutet wird, hängt aber weitgehend ab von der individuellen Leistung, der Flexibilität, der persönlichen Führung und der Bereitschaft, immer neue Risiken auf sich zu nehmen. Die Chancen der Klein- und Mittelbetriebe sind größer als diejenigen der Großen. Oft erfolgt die Anpassung an veränderte Marktbedingungen geräuschlos und schnell, ohne daß man allzu betont von Krisenmanagement und Frühwarnsystem sprechen muß.[8] Das mag auf den ersten Blick paradox erscheinen, entspricht aber durchaus einer nüchternen Lagebeurteilung. Denn die Vorstellung des „Gegensätzlichen" zwischen den Groß- und Kleinbetrieben ist durch ein kooperatives Nebeneinander zu ersetzen. Die Entwicklung der Wirtschaft ist keine Einbahnstraße zum Gigantismus, denn große Konzentrationen rufen beinahe zwangsläufig nach einer Gegenbewegung.

In Diskussionen mit Geschäftsführern oder Inhabern kleinerer oder mittlerer Unternehmen hört man häufig, es sei unmöglich, Personal genauso zu führen wie in größeren Unternehmen. Natürlich gibt es gewisse Unterschiede, jedoch unterscheiden sich die Mitarbeiter in kleineren Betrieben nicht von denen größerer Unternehmen!

Ziel eines jeden Unternehmens muß es sein, eine hohe Produktivität durch zufriedene Mitarbeiter zu erreichen. Dieses Ziel läßt sich nur realisieren, wenn allgemein anerkannte Grundregeln eingehalten werden, die unabhängig von der Unternehmensgröße sind.

Ein generelles Grundproblem der Personalführung liegt darin, daß sie im Spannungsfeld zwischen den wirtschaftlichen Erfordernissen, den gesellschaftspolitischen Notwendigkeiten und den individuellen Erwartungen der Mitarbeiter einen Ausgleich zu schaffen hat. Es ist eine Hauptaufgabe der Personalführung, im Unternehmen ein Kooperationsklima zu schaffen und Konfrontationen zu vermeiden. Natürlich gibt es eine Reihe von Interessengegensätzen zwischen den sachlichen Zwängen eines Unternehmens und den individuellen Erwartungen des Mitarbeiters. Die daraus resultie-

8 Vgl. Kommenacher, A. (1981)

renden Konflikte aber gilt es aufzulösen. Auch wenn diese generellen Überlegungen erkennen lassen, daß Führungsprobleme in allen Unternehmensgrößen ähnlich oder gleich gelagert sind, so gibt es doch eine Reihe personal- und sozialpolitischer Besonderheiten.

In einer von Gaugler[9] kommentierten Untersuchung, die auf eine Befragung von 1660 Betrieben zurückgeht, fällt die hohe Gewerblichenquote sowie der hohe Frauenanteil in den Klein- und Mittelbetrieben auf.

Bemerkenswert ist z. B. die personelle Zusammensetzung, aufgegliedert nach unterschiedlichen Betriebsgrößen:

Abb. 2: **Betriebsgröße und strukturelle Gegebenheiten***

Betriebsgröße	Gewerblichen-quote		Frauenquote		Ausländerquote	
Kleinbetriebe	78,8%	(441)	27,3%	(457)	14,5%	(441)
Kleinere Mittelbetriebe	75,6%	(421)	29,4%	(431)	17,0%	(421)
Mittlere Mittelbetriebe	74,3%	(464)	28,2%	(467)	19,2%	(464)
Größere Mittelbetriebe	68,8%	(209)	23,0%	(201)	21,3%	(209)
Kleinere Großbetriebe	63,8%	(37)	19,4%	(36)	26,2%	(37)
Größere Großbetriebe	72,8%	(35)	14,9%	(36)	21,8%	(35)
Durchschnittswert	74,9%	(1607)	27,1%	(1634)	17,8%	(1607)

*) Die Zahl in Klammer nennt die Anzahl der betrachteten Betriebe. Aufgrund der unterschiedlichen Ausfüllhäufigkeit ergaben sich je nach Frage unterschiedliche Werte.

Interessant sind auch die höhere Krankheitsquote und die geringere Fluktuation bei zunehmender Betriebsgröße.

9 Vgl. Gaugler, E., Martin, A. (1979)

Abb. 3: **Fluktuation, Krankheit und Betriebsgröße**

Betriebsgröße	Gesamtfluktuation		Krankheit Männer ges.	
Kleinbetriebe	21,2%	(383)	5,6%	(371)
Kleinere Mittelbetriebe	19,5%	(398)	5,9%	(353)
Mittlere Mittelbetriebe	18,7%	(454)	5,8%	(387)
Größere Mittelbetriebe	17,3%	(206)	6,6%	(163)
Kleinere Großbetriebe	15,7%	(37)	8,0%	(26)
Größere Großbetriebe	12,3%	(35)	7,1%	(21)
Gesamtzahlen	19,2%	(1513)	5,9%	(1321)

Die Situation im Führungsbereich der Klein- und Mittelbetriebe ist durch eine nur geringe Arbeitsteilung gekennzeichnet. Dies geht aus einer Untersuchung des „Instituts für Mittelstandsforschung“ hervor. Die in Klein- und Mittelbetrieben oftmals fehlende Delegationsbereitschaft ist eine der Hauptursachen für die Überlastung einzelner. Eine stärkere Aufgabenverteilung ist deshalb unumgänglich. Dabei kommt der persönlichen Autorität der Vorgesetzten und der Geschäftsinhaber eine größere Bedeutung zu als in industriellen Großbetrieben.[10] Dort ist fachliche Spezialisierung weiter fortgeschritten und führt zu anderen Führungsformen.

Die Leiter solcher Betriebe müssen auch die langfristigen, das ganze Unternehmen betreffenden unternehmenspolitischen Aufgaben berücksichtigen.

Hierfür sollten sie sich von weniger wichtigen Aufgaben freihalten, wobei natürlich zu berücksichtigen ist, daß im weitaus stärker gegliederten Großbetrieb das Ausmaß an Delegation viel größer sein kann. Nach dem Ergebnis der o. g. Untersuchung bestehen aber bei kleineren und mittleren Betrieben ganz erhebliche Verbesserungsmöglichkeiten in der Art der Aufgabenverteilung.

10 Vgl. Affemann, R. (1980), S. 15

Abb. 4: **Die durchschnittliche Anzahl der von einer Führungsperson wahrgenommenen Sachbereiche, gegliedert nach Führungsebenen und Beschäftigungsgrößenklassen**[11]

Ebenen	Größenklassen	Anzahl der Funktionsbereiche pro Führungsperson
Ebene 1	bis 19	7,8
	20 – 49	5,8
	50 – 199	4,7
	200 und mehr	2,8
	alle Klassen	5,8
Ebene 2	bis 19	3,8
	20 – 49	3,5
	50 – 199	3,0
	200 und mehr	2,5
	alle Klassen	3,4
Ebene 3	bis 19	1,7
	20 – 49	1,3
	50 – 199	0,9
	200 und mehr	0,8
	alle Klassen	1,3
Ebene 4	bis 19	0,8
	20 – 49	0,4
	50 – 199	0,3
	200 und mehr	0,2
	alle Klassen	0,5
alle Ebenen	bis 19	4,0
	20 – 49	3,3
	50 – 199	2,6
	200 und mehr	1,8
	alle Klassen	3,3

11 Vgl. Steiner, J. (1978)

2 Gestaltung der Führung

2.1 Welcher Führungsstil ist richtig?

Immer wieder wird in Veröffentlichungen versucht, das richtige Führungsverhalten darzustellen. Doch besteht die Schwierigkeit darin, für die unzähligen Führungsprobleme in den Unternehmen jeweils das richtige Verhalten zu beschreiben. Da helfen auch alle modischen Schlagworte wie: „Demokratisierung der Führung“, „Chefs müssen wieder führen“, „Mitarbeiter entscheiden lassen“ wenig. Sie werden uns – übrigens auch in anderen Ländern – mit wechselnden Tendenzen präsentiert.

Die gestellte Frage: „Welcher Führungsstil ist richtig?“ wird in den letzten Jahren immer mehr zu der Frage: „Welcher Führungsstil ist in welcher Situation richtig?“

Man geht dabei von folgender grundsätzlicher Überlegung aus: Jeder Führungsstil hat eine bestimmte Funktion und dient somit einem anderen Ziel. Ebenso dienen einzelne Führungshandlungen unterschiedlichen Zielen. Es muß daher versucht werden, für jede Führungshandlung bzw. -situation den richtigen Führungsstil zu finden.

Unter Führung versteht man die persönliche Einflußnahme auf das Verhalten anderer zur Erreichung bestimmter Ziele, die in der Regel im Finden, Treffen, Durchsetzen und Durchführen von Entscheidungen und im Kontrollieren von deren Auswirkungen liegen.

2.1.1 Aufgabenorientierte und personenorientierte Führungsstile

Führung stellt sich demnach in zwei Teilfunktionen dar:

Jede Führungskraft hat aufgabenorientiert zu handeln. Sie muß die Ziele, die ihr gesetzt sind, verfolgen und alles tun, mit Hilfe der ihr zugeordneten Mitarbeiter und unter Einsatz der erforderlichen Ressourcen rechtzeitig zu den richtigen Entscheidungen zu kommen. Man nennt dies die Lokomotionsfunktion zur Erreichung von Zielen.

Jede Führungskraft muß aber auch personenorientiert handeln. Sie hat dafür zu sorgen, daß die Mitarbeiter soweit wie möglich ihre persönlichen Ziele erreichen können, insbesondere, daß sie Befriedigung in ihrer Aufgabe finden. Selbstbestätigung und Selbstentfaltung der Mitarbeiter sind also Ziele, die angesteuert werden müssen.

Darüber hinaus gehört zur personenorientierten Aufgabe der Führungskraft auch, die Mitarbeiter zu fördern, sie in ihrer Entwicklung voranzubringen. Mitarbeiter sollen sich zu Mitdenkern, zu Problemlösern entwikkeln. Die Aktionsfähigkeit des einzelnen und der Gruppe soll erhalten und möglichst erweitert werden. Diese personenorientierten Aufgaben der Führungskraft werden in der Regel unter dem Begriff der Kohäsionsfunktion zusammengefaßt, die den Gruppenerhalt bzw. die Gruppenstärkung zum Ziel hat.

Diese Überlegungen sind in Abbildung 5 zusammengefaßt.

Abb. 5: **Führungsfunktionen**

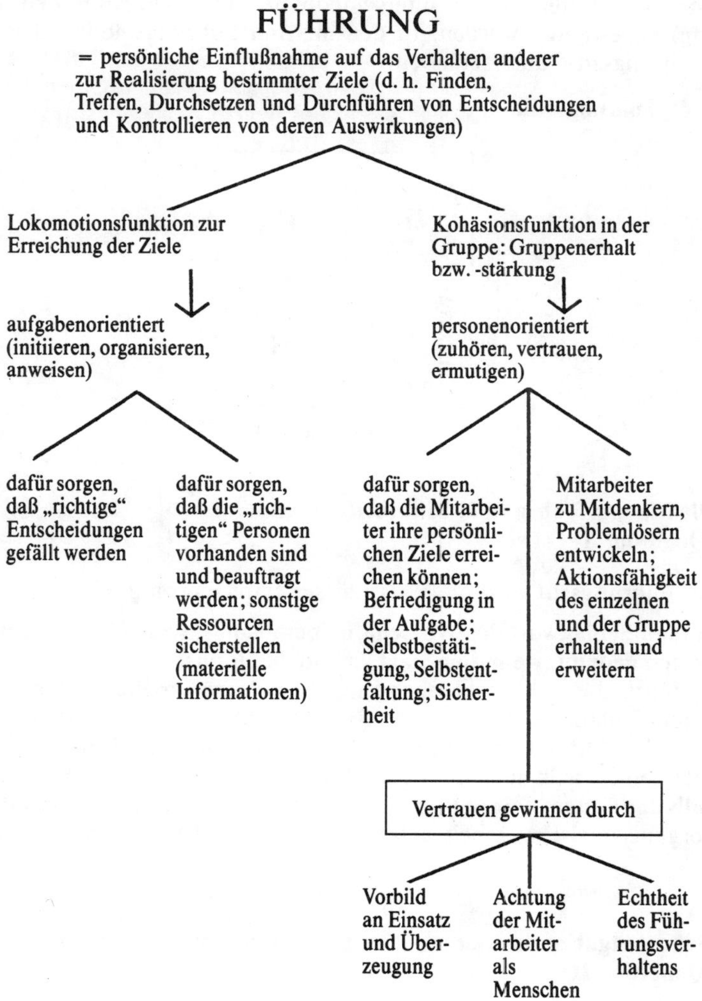

Der aufgabenorientierte und personenorientierte Führungsstil können getrennt, kombiniert und in unterschiedlichen Ausprägungsgraden (hoch-niedrig) angewendet werden. In den meisten Führungsmodellen werden vier Führungsstile unterschieden:

Abb. 6: **Führungsstile**

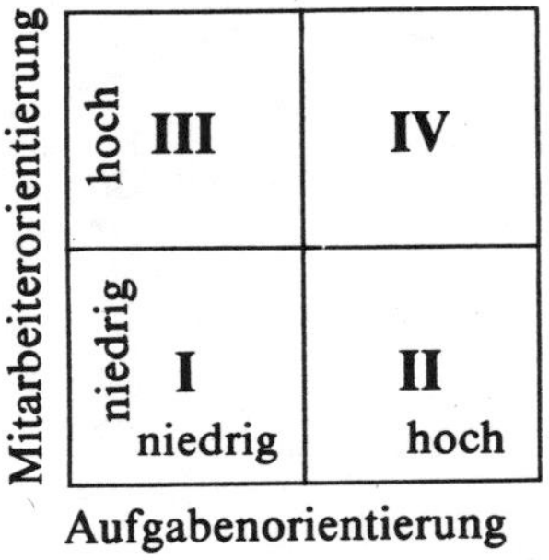

1 Niedrige Aufgaben- und Mitarbeiterorientierung (Quadrant I)

Dieser Führungsstil wird auch als Laissez-faire-Führungsstil bezeichnet.

Nach dem Schlagwort des Wirtschaftsliberalismus, wonach die Wirtschaft am besten gedeiht, wenn der Staat sich nicht einmischt, wird oft in Betrieben geführt, die sich überwiegend mit Forschungsarbeiten befassen. Die nach dem Laissez-faire „geführte" Gruppe wird eigentlich überhaupt nicht geführt. Ihre Mitglieder verfolgen schnell unkoordinierte Einzelinteressen und bleiben deshalb auch nur bedingt leistungsfähig. In reiner Form dürfte deshalb der Laissez-faire-Stil in der Betriebspraxis nur selten vorkommen. Der organisatorische Arbeitsablauf erfordert eben bestimmte Anordnungen.

2 Hohe Aufgabenorientierung – niedrige Mitarbeiterorientierung (Quadrant II)

Dieser Stil entspricht dem klassisch als autoritär bezeichneten Stil.

Der autoritäre Stil ist gekennzeichnet durch eine machtgebietende und einheitliche Leitung. Entscheidungen werden ohne Anhören der Mitarbeiter gefällt. Aufgaben werden angeordnet, ohne sie zu begründen. Der Vorgesetzte steht über den „Untergebenen". Sein Führungsstil besteht aus Befehl und Gehorsam. Er gibt Anweisungen, die Untergebenen führen aus. Aufgaben werden zwar übertragen, Verantwortung und Kompetenz bleiben jedoch beim Vorgesetzten.

Bei dieser Form der Führung sind fundierte Fachkenntnisse nicht unbedingt die Grundlage der Autorität des Vorgesetzten. Schon in älteren Publikationen wird darauf hingewiesen, daß der – wie ein Handwerksmeister – selbstherrlich führende Unternehmer als Prototyp des autoritären Führens anzusehen ist: Er ist kreativ und hat den Kopf voller Ideen. Der Anknüpfungspunkt für seine Geschäftsbeziehungen sind seine Freunde, welche er für seine Ideen zu begeistern sucht. Er selbst ist auch leicht begeisterungsfähig und saugt neue Ideen geradezu auf. Er braucht keine festgeschriebenen Ziele, keine Organisation; diese Dinge würden ihn nur beengen.

Er ist ein kühler, klarer Rechner, immer kurz angebunden und ungeduldig. Er haßt das Palavern in Besprechungen. Dank seiner mißtrauischen Grundhaltung zum Untergebenen bewahrt er sich die Verantwortung und Kompetenzen und läßt damit häufig die Organisation erstarren. Er ist der einsame Mann an der Spitze.

Insbesondere charismatische Persönlichkeiten pflegen einen autoritären Führungsstil. Dabei beeinflußt der Führer andere Menschen durch seine Ausstrahlungskraft, begeistert sie, reißt sie mit. Die Führung des mit Charisma ausgestatteten Führers beruht hauptsächlich auf diesem Charisma. Seine Einmaligkeit zeigt sich auch darin, daß er höchstens einen Urlaubsvertreter hat, wenn es überhaupt einen Stellvertreter gibt. Über die Nachfolgefrage wird grundsätzlich nicht diskutiert. Es ergibt sich von selbst, daß sich neben einer solchen Führungskraft kaum eine andere Führungspersönlichkeit entwickeln kann.

Natürlich hat ein Charisma auch Vorteile. Der „Führer" versteht es, Unternehmen zu gründen oder Betriebe in Notsituationen zu retten bzw. wieder in Schwung zu bringen. Auf Dauer werden aber keine Erfolge erzielt werden, da dieser Führungsstil zusätzlich gekennzeichnet ist durch Rastlosigkeit und Explosivität. Solche Erscheinungen kann sich eine Organisation langfristig kaum leisten. Charismatisch Führende werden daher oft wechseln.

Die Nachteile der auf eine einzelne Person bezogenen Führung sind erheblich. Die rasch wachsende Technologie, die man als einzelner nicht mehr überschauen kann, braucht an der Spitze eines mittleren Unternehmens eine Führungsmannschaft, die mit genügend Entscheidungsbefugnis ausgestattet sein muß, um sachgerechte Entscheidungen treffen zu können. Der mit Charisma ausgestattete Geschäftsführer oder Vorgesetzte kann zwar die Dinge in Schwung bringen, und verhilft oft auch zum Durchbruch, für den Betriebsalltag ist er aber nicht geeignet.

Fatal wird es, wenn der Führer das Unternehmen verläßt, da es auf seine Persönlichkeit zugeschnitten war, denn dann fehlt es an einem Nachfolger, andere Führungskräfte ließ er neben sich nämlich nicht aufkommen. Dieser Führungsstil ist glaubhaften Untersuchungen zufolge insbesondere in Klein- und Mittelbetrieben anzutreffen.

3 Hohe Mitarbeiterorientierung – niedrige Aufgabenorientierung (Quadrant III)

Bei diesem Führungsstil, der insbesondere durch die Anhänger des „Human Relations"-Ansatzes propagiert wurde, steht die Pflege der zwischenmenschlichen Beziehungen im Vordergrund des Führungsverhaltens. Hierbei wird von folgender Wirkungskette ausgegangen:

Gute zwischenmenschliche Beziehungen führen zur Zufriedenheit des Mitarbeiters, und ein zufriedener Mitarbeiter bringt auch die höchste Leistung.

In der Forschung ist dieser Zusammenhang teilweise bestätigt, vielfach aber auch widerlegt worden. Einige Studien zeigen z. B., daß dieses Führungsverhalten zunächst zu einer hohen Leistung führen müsse. Diese hohe Leistung habe dann die Zufriedenheit der Mitarbeiter mit ihrer Arbeit zur Folge.

Insgesamt ist die Konzentration auf die zwischenmenschlichen Beziehungen dort wenig erfolgversprechend, wo die Erledigung vielfältiger Aufgaben die Voraussetzung für die Zielerreichung ist.

4 Hohe Mitarbeiter- und hohe Aufgabenorientierung (Quadrant IV)

Dieser Stil wird in der Literatur zur Führung als Integrationsstil bezeichnet, da der Vorgesetzte eine hohe Mitarbeiterorientierung und eine hohe Aufgabenorientierung zu einem Führungsstil vereint.

Der Integrationsstil ähnelt dem kooperativen Führungsstil. In der Regel können Aufgaben auch in Klein- und Mittelbetrieben nur in Zusammenarbeit von mehreren Spezialisten erfolgreich bewältigt werden. Hier dient ein kooperativer Führungsstil dazu, alle relevanten Kenntnisse und Informationen der Mitarbeiter bei der Entscheidungsfindung zu berücksichtigen.

Typisch für den kooperativen Führungsstil ist die gegenseitige Beratung bei der Entscheidungsfindung und das Prinzip der Delegation von Entscheidungsbefugnissen, worauf im Abschnitt 2.2 noch näher eingegangen wird.

Hauptmerkmale des kooperativen Führungsstils, der selbstverständlich auch der persönlichen Autorität der Führungskräfte bedarf, sind

- eine vertrauensvolle Zusammenarbeit zwischen allen Mitarbeitern und die Respektierung ihrer betrieblichen Interessenvertretung,
- die Delegation von Aufgaben und Entscheidungsbefugnissen,
- die Übernahme von Verantwortung für den delegierten Aufgabenbereich,
- die Pflicht der Mitarbeiter, im Rahmen ihrer festgelegten Aufgabenbereiche selbständig mitzudenken, zu handeln und zu entscheiden,
- die Notwendigkeit der Information und Kontrolle,
- die Möglichkeit zur Entfaltung der Persönlichkeit jedes einzelnen,
- der Einsatz von Anerkennung von Kritik als Führungsmittel.

Fazit:

Heute hat sich das Prinzip der kooperativen Führung weitgehend durchgesetzt. Gerade in Klein- und Mittelbetrieben, wo eine direkte Beziehung zwischen den Führungskräften und ihren Mitarbeitern besteht, ist kooperative Führung leichter zu praktizieren als in Großunternehmen mit naturgemäß stärkeren Bürokratisierungstendenzen.

Der kooperative Führungsstil kann jedoch nicht jeder Situation gerecht werden. Dies gilt nicht nur für den viel zitierten Fall eines Brandes mit der nachfolgenden Diskussion darüber, ob und wer die Feuerwehr rufen soll.

Auch im betrieblichen Alltag gibt es Aufgaben und Mitarbeiter, bei denen unterschiedliche Führungsstile effektiv sind.

2.1.2 Führungsmodelle aus den USA

Von amerikanischen Führungsforschern sind Führungsmodelle entwickelt worden, die eine Antwort auf die Frage geben: Welcher Führungsstil ist in welcher Situation erfolgreich?

Die 3-D-Theorie von Reddin[12]

Reddin berücksichtigt in seinem Führungsmodell drei Dimensionen: Führungsstil → Situation → Erfolg. Er unterscheidet – ausgehend von der Aufgabenorientierung (Ao) bzw. Mitarbeiterorientierung (Mo) – vier Grundstile:

Abb. 7: **Die vier Grundstile bei Reddin**

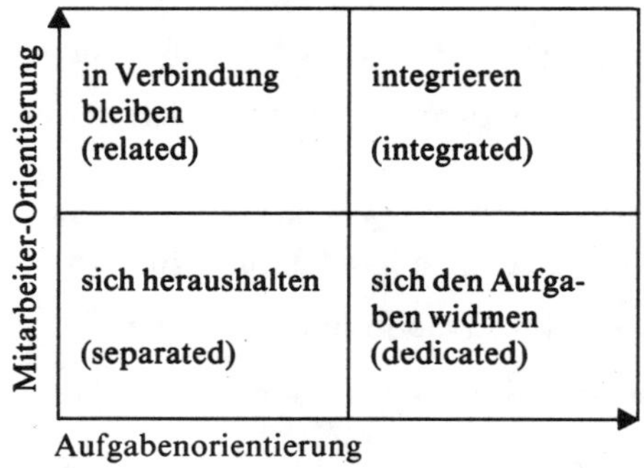

Jeder dieser vier Grundstile kann in unterschiedlichen Führungssituationen effektiv sein. Die wichtigsten situativen Bedingungen sind:

1. Anforderungen der Arbeitsaufgabe, die bestimmt werden durch den Schwierigkeitsgrad der Aufgabe, die notwendigen Fachkenntnisse, die allgemeine Arbeitsweise im Unternehmen sowie die Organisations- und Entscheidungsabläufe.
2. Organisation wird verstanden als Organisationsphilosophie, d. h. als Wertvorstellungen über die Art der Mitarbeiterführung und das Betriebsklima im Unternehmen.
3. Führungsstil des nächsthöheren Vorgesetzten.
4. Die Zusammenarbeit mit den Kollegen, die insbesondere bei enger Verzahnung der Aufgaben wichtig ist.
5. Unterstellte Mitarbeiter.

Je nach Ausprägung der einzelnen Situationselemente ergeben sich unterschiedliche Führungssituationen.

12 Vgl. Reddin, W. J. (1981); Neuburger, O. (1984), S. 162 ff.

Handelt es sich z. B. um die Führung von Mitarbeitern,

- deren Aufgabe einfach und klar strukturiert ist,
- die die Fähigkeiten zur Bewältigung der Aufgabe besitzen und
- die von der Arbeit ihrer Kollegen unabhängig sind,

dann ist der Verfahrensstil angebracht. Der Vorgesetzte kann sich auf die Überwachung der Einhaltung der Regeln und der Qualitätsstandards beschränken. Effektiv ist hier der Führungsstil des Bürokraten, der also in bestimmten Situationen durchaus erfolgreich sein kann.

Beschränkt sich der Vorgesetzte in einer Situation, die durch

- eine schwierige und schlecht strukturierte Aufgabe,
- eine starke Verzahnung der Aufgaben und somit
- eine enge Zusammenarbeit zwischen den Kollegen und dem Vorgesetzten der Arbeitsgruppe

gekennzeichnet ist, so würde der Verfahrensstil zu einer niedrigen Effektivität führen. Reddin bezeichnet diesen ineffektiven Führer als „Deserteur" oder „Kneifer", da der Vorgesetzte vor seinen Führungsaufgaben davonläuft.

Abb. 8: **Das 3-D-Modell von Reddin**

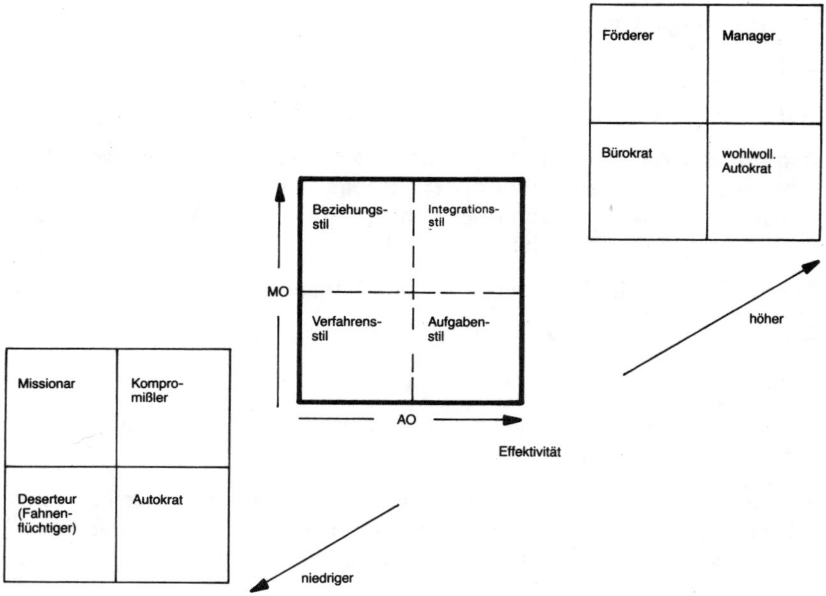

Da viele Führungskräfte mit ständig wechselnden Führungssituationen konfrontiert werden, benötigen sie eine ausreichende Stilflexibilität, d. h., Führungskräfte sollten sowohl aufgabenorientiert als auch mitarbeiterorientiert führen können.

Insgesamt handelt es sich bei dem 3-D-Modell um eine Führungstheorie, die dem Praktiker eine ganze Reihe von Hinweisen über sein Führungsverhalten und dessen Auswirkungen in unterschiedlichen Situationen geben kann.

Es ist jedoch davor zu warnen – wie bei anderen Führungsmodellen auch –, die Empfehlungen schematisch anzuwenden oder wie eine Rezeptsammlung zu benutzen. Das gleiche gilt für eine vierdimensionale Weiterentwicklung[13], wie sie in Seminaren angewandt wird.

13 Vgl. Dreyer, H. (1988/89)

Die Situationstheorie der Führung von Hersey/Blanchard[14]

Hersey/Blanchard unterscheiden ebenso wie Reddin vier Grundstile der Führung

Stil 1: Unterweisen („telling“)

Der Vorgesetzte legt die Rollen der Untergebenen fest und schreibt ihnen vor, was, wie, wann und wo zu tun ist. Es herrscht die Ein-Weg-Kommunikation vom Vorgesetzten zum Untergebenen vor.

Stil 2: Verkaufen („selling“)

Der Vorgesetzte versucht, die Mitarbeiter durch rationale Argumentation und durch emotionale Unterstützung von der Aufgabenstellung zu überzeugen.

Stil 3: Beteiligen („participating“)

Der Vorgesetzte und die Mitarbeiter entscheiden gemeinsam, wobei sich der Vorgesetzte auf einen mitarbeiterorientierten Führungsstil beschränkt.

Stil 4: Delegieren („delegating“)

Der Vorgesetzte führt nicht mehr, sondern kontrolliert nur die Effektivität der Aufgabenerledigung durch die Mitarbeiter.

Hersey/Blanchard betrachten im wesentlichen die gleichen Situationselemente wie Reddin:

- Führungsverhalten des nächsthöheren Vorgesetzten,
- Arbeitsklima in der Gruppe,
- Organisation,
- Aufgabenstellung und -schwierigkeit.

Von ausschlaggebender Bedeutung für die Wahl des richtigen Führungsstils durch den Vorgesetzten ist jedoch die „Reife“ des Mitarbeiters. Der Reifegrad wird hierbei nicht global bestimmt, sondern bezogen auf die jeweilige (Teil-)Aufgabe des Mitarbeiters.

So kann z. B. ein Produktleiter einen hohen Reifegrad hinsichtlich seiner kreativen Entwicklungsaufgaben, aber einen niedrigen Reifegrad bei den Planungs- und Organisationsaufgaben für seinen Bereich haben.

14 Vgl. Hersey, P., Blanchard, K. H. (1977)

Der Reifegrad wird durch zwei Merkmalsgruppen definiert:

1. Merkmale der aufgabenbezogenen Reife („job maturity“)

   Hier wird danach gefragt, welche aufgabenbezogenen Kenntnisse, Fähigkeiten und Erfahrungen der Mitarbeiter besitzt und wie hoch seine Planungs- und Entscheidungsfähigkeiten sind;

2. Merkmale der psychologischen Reife

   Diese wird u. a. beurteilt anhand

   - des Interesses an der jeweiligen Aufgabenstellung,
   - der Initiative,
   - der Ausdauer,
   - der Einstellung zur Arbeit (Leistungsbereitschaft).

Aus den genannten Einzelmerkmalen wird ein Gesamtreifegrad (bezogen auf die jeweilige Aufgabe) gebildet. Dieser stellt die Grundlage für die Wahl des den größten Erfolg versprechenden Führungsstils dar (Abb. 9).

Abb. 9: **Das Grundmodell der situativen Führungstheorie von Hersey und Blanchard (1977)**

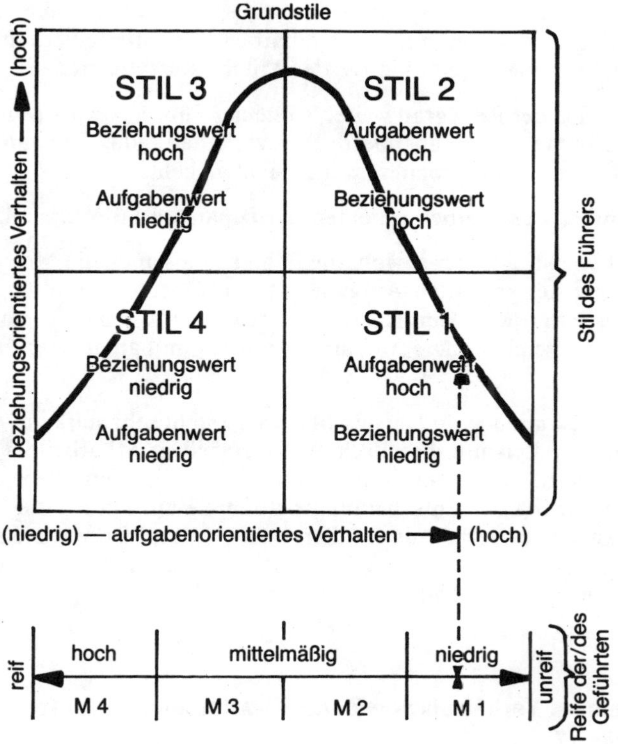

Der Vorgesetzte vermerkt den Gesamtreifegrad des Mitarbeiters auf der unteren Skala und zieht von diesem Punkt eine senkrechte Linie nach oben. Der Schnittpunkt mit der eingezeichneten Kurve markiert den vom Vorgesetzten einzusetzenden Führungsstil (d. h. diejenige Kombination aus aufgaben- und mitarbeiterorientiertem Führungsverhalten), der in dieser Situation am erfolgversprechendsten ist.

Die Grundzüge des Modells lassen sich durch folgende Aussage charakterisieren:

1. Besitzt ein Mitarbeiter (oder eine Gruppe) weder die Fähigkeit noch die Motivation zur Erfüllung einer bestimmten Aufgabe, so ist ein Führungsstil anzuwenden, der durch eine hohe Aufgabenorientierung und

eine niedrige Mitarbeiterorientierung gekennzeichnet ist. Dieser Führungsstil wird mit dem Begriff des „Unterweisens“ beschrieben.

2. Steigt der aufgabenrelevante Reifegrad, so ist das aufgabenorientierte Verhalten zu reduzieren und das mitarbeiterorientierte Verhalten zu verstärken, um die Eigeninitiative des Mitarbeiters anzuregen.

3. Erhöht sich der Reifegrad weiter, sollte der Führer sowohl sein mitarbeiter- als auch sein aufgabenbezogenes Verhalten reduzieren, um die Selbständigkeit des Mitarbeiters weiterzuentwickeln.

   Es handelt sich hierbei um einen partizipativen Führungsstil.

4. Besitzt ein Mitarbeiter sowohl die Fähigkeit als auch die Motivation zur Erfüllung der gestellten Aufgabe, ist ein Führungsverhalten angemessen, das sich sowohl durch geringe Mitarbeiter- als auch Aufgabenorientierung auszeichnet. Die Aufgaben werden somit an die Geführten delegiert.

Das Führungsmodell von Hersey/Blanchard stellt sehr stark auf die Fähigkeiten und die Leistungsbereitschaft des einzelnen Mitarbeiters ab. Demgegenüber wird die Organisation und damit die Zentralisierung bzw. Dezentralisierung der Entscheidungsbefugnisse nur am Rande betrachtet. Ein ausgewogenes Verhältnis von Zentralisation und Dezentralisation bzw. Kompetenz und Verantwortung ist jedoch für die Führung von Unternehmen von ausschlaggebender Bedeutung.

2.2 Welches Verhältnis von Zentralisation und Dezentralisation ist richtig?

In der Diskussion der letzten Jahre zum Thema „Führung“ tauchen beide Begriffe häufig auf. Doch müssen sie nicht immer als gegensätzlich gesehen werden; denn gute Führung basiert auf einer Harmonie von Zentralisation und Dezentralisation, d. h. relativ weitgehender Dezentralisation verbunden mit koordinierender Kontrolle. Dabei werden je nach Aufgabenstellung und Mitarbeiterzahl unterschiedliche Formen vorkommen. Der organisatorische Aufbau des Unternehmens beeinflußt die Art des Führungsstils entscheidend. So ist unverkennbar, daß die im Regelfall funktionale Organisationsstruktur der Klein- und Mittelbetriebe den patriarchalischen Führungsstil begünstigt. Deshalb ist von seiten des Betriebsinhabers und Chefs stets selbstkritisch zu fragen, ob den Mitarbeitern ausreichende Ermessensspielräume eingeräumt werden.

Die Tendenz, daß die Führungsstruktur durchlässiger wird und die Hierarchie-Stufen vermindert werden, scheint sich allerdings durchzusetzen. Damit soll verhindert werden, daß Unternehmen durch zu starke Reglementierung mehr verwaltenden Charakter erhalten, der für sie am Markt nachteilig wäre. Erschwert wird diese Entwicklung durch die sich ausbreitende staatliche Bürokratie und ihre zunehmenden Reglementierungen.

Zusätzlich wird auch politisch – nicht zuletzt durch das Mitbestimmungsgesetz 1976 – eine stärkere Zentralisation z. B. der Personalarbeit auf die Unternehmensspitze bewirkt und dadurch die Dezentralisation manchmal erschwert. Klein- und Mittelbetriebe haben in diesem Bereich jedoch noch größere Handlungsspielräume.

2.3 Kompetenz und Verantwortung

Zunächst einmal ist wichtig, daß Klarheit über die Aufgabenverteilung besteht. Die betriebliche Gesamtaufgabe ist in der Regel umfangreich und komplex. Sie muß auf verschiedene Bereiche aufgeteilt werden. Diese Bereiche werden meist unter funktionalen Gesichtspunkten gebildet, so daß man vom Verkauf, von der Produktion und der Verwaltung spricht. Natürlich bestehen zwischen diesen Bereichen Schnittstellen, an denen besonders eng zusammengearbeitet werden muß; gerade deswegen ist es notwendig, die Aufgaben exakt aufzuteilen und festzulegen, wer welche Aufgaben zu erledigen hat.

Die konsequente Aufgabenteilung muß sich innerhalb der Bereiche fortsetzen. Dabei ist es gleich, ob sich wegen der Größe des Bereichs z. B. innerhalb des Verkaufs oder der Verwaltung noch weitere organisatorische Untereinheiten wie Abteilungen oder Gruppen als notwendig herausstellen oder ob man mit einzelnen, direkt unterstellten Mitarbeitern auskommt. Denn sonst tritt das ein, was unbedingt vermieden werden sollte: Doppelarbeit, Unsicherheit über Zuständigkeit und Absicherungstaktiken.

Natürlich ist es denkbar, diese Aufgabenaufteilung innerhalb der Bereiche von Fall zu Fall vorzunehmen; dies hat sich jedoch als wenig zweckmäßig erwiesen, weil eine vernünftige Aufgabenplanung nicht stattfinden kann und die Erledigung von Aufgaben dort geschieht, wo ein Mitarbeiter zufällig über freie Arbeitskapazität verfügt. Dieser muß jedoch nicht immer derjenige sein, der für die Aufgabenerledigung am besten geeignet ist.

Die einzelnen Mitarbeiter müssen wissen, wer welche Aufgaben zu erfüllen hat. Die Ansprechpartner bei auftauchenden Fragen sind klar festzulegen.

Darüber hinaus besteht die Möglichkeit, eine Zeit- und Aufgabenplanung vorzunehmen, was bei fallweiser Aufgabenzuordnung kaum gelingen kann. Daß natürlich auch bei fester Aufgabenverteilung Sonderfälle flexibel gehandhabt werden müssen, versteht sich von selbst.

Es bietet sich der größeren organisatorischen Klarheit wegen an, die den einzelnen Stellen zugewiesenen Aufgaben möglichst schriftlich zu fixieren. Hierfür steht als Instrument die Stellenbeschreibung zur Verfügung.

Eine klare und eindeutige Aufgabenverteilung allein reicht jedoch nicht aus. Derjenige, dem bestimmte Aufgaben übertragen worden sind, muß auch die Möglichkeit haben, diese Aufgaben sachgerecht ausführen zu können. Daß er hierfür in der Regel über ein bestimmtes Können und Sachkenntnisse und ein gewisses Maß an Erfahrung verfügen muß, versteht sich von selbst. Ihm müssen jedoch zusätzlich die Befugnisse eingeräumt werden, um bestimmte Entscheidungen, die für die Lösung der ihm übertragenen Aufgaben erforderlich sind, treffen zu können. Was nützt es, einen Einkäufer zu beauftragen, selbständig bestimmte Materialien einzukaufen, wenn er die für die Bestellung erforderliche, rechtsverbindliche Unterschrift nicht leisten darf? Mit der Übertragung von Aufgaben muß also auch die Einräumung von Kompetenzen und Entscheidungsbefugnissen einhergehen. Hier darf es keine Diskrepanzen geben.

Man kann einen Mitarbeiter nicht an der Erledigung von Aufgaben, an seinen Arbeitsergebnissen messen wollen, wenn ihm zugleich die Möglichkeiten, selbständig zu entscheiden, nicht eingeräumt werden. Die übertragenen Aufgaben und das Ausmaß der eingeräumten Befugnisse dürfen nicht zu gering sein, weil dann die Aufgaben nicht voll abgewickelt werden können; sie dürfen jedoch auch nicht zu weit gehen, weil Mitarbeiter damit möglicherweise überfordert werden.

Wenn die Aufgabenzuordnung auf einzelne Mitarbeiter und die Ausstattung mit den erforderlichen Befugnissen sachgerecht vorgenommen worden sind, sind die Voraussetzungen geschaffen, um auch die Verantwortlichkeiten klar und deutlich voneinander abzugrenzen.

In der Realität besteht darüber jedoch häufig Unklarheit. Allgemein wird akzeptiert, daß die Delegation von Aufgaben und Kompetenzen dazu dient,

- die Vorgesetzten zu entlasten;

- die Mitarbeiter durch anspruchsvolle Aufgaben zu motivieren;

- das Selbstwertgefühl der Mitarbeiter durch selbständige Aufgabenerledigung zu steigern.

Was heißt jedoch Delegation von Verantwortung?

Zunächst einmal wird mit der Übertragung der Verantwortung auf einen Mitarbeiter diesem eine Verpflichtung zu besonderer Umsicht und Sorgfalt auferlegt, um die delegierte Aufgabe möglichst gut zu erfüllen. Dies ist – wenn man so will – eine Art ethischer Verpflichtung, die der Mitarbeiter auf sich nimmt.

Darüber hinaus übernimmt er auch eine Berichtspflicht. Demjenigen, der eine Aufgabe übertragen hat, muß über die Ergebnisse, die bei der Bearbeitung der übertragenen Aufgaben erzielt worden sind, Bericht erstattet werden. Dies gilt vor allem in den Fällen, in denen ein Auftrag nicht programmgemäß abgewickelt werden konnte, sondern irgendwelche Ereignisse zu einer Abweichung vom geplanten Sollzustand führten. Dies könnte man als Informationspflicht bezeichnen, die mit der Übertragung von Aufgaben zugleich auferlegt wird.

Schließlich muß der Mitarbeiter für die Ergebnisse, die er mit den ihm übertragenen Aufgaben erzielt, einstehen. Er muß es sich gefallen lassen – wenn er die übertragenen Aufgaben ohne Einschränkung akzeptiert hat –, für die Resultate seiner Tätigkeiten mit allen Konsequenzen zur Rechenschaft gezogen zu werden. Er trägt daher die Verantwortung für die Durchführung der ihm übertragenen Aufgaben, die sogenannte Handlungsverantwortung.

Wenn man dies akzeptiert, hat die Übertragung der Verantwortung für die Durchführung einer Aufgabe die Konsequenz, daß derjenige, der diese Aufgabe überträgt, selbst von der entsprechenden Handlungsverantwortung entlastet wird.

Dieses eindeutige Prinzip ist zwar im Grundsatz richtig, muß jedoch noch relativiert werden. Dadurch, daß ein Vorgesetzter eine Aufgabe und damit die Handlungsverantwortung auf einen Mitarbeiter delegiert, nimmt er Führungsaufgaben wahr. Auch für diese Führungsaufgaben besteht eine Verantwortung. Diese Verantwortung ist jedoch *nicht delegierbar*. Sie verbleibt vollständig bei demjenigen, der andere Mitarbeiter führt, ihnen Aufgaben zuweist. Statt Handlungsverantwortung für bestimmte jetzt delegierte Aufgaben wächst ihm die Führungsverantwortung für die von ihm zu steuernden Mitarbeiter zu. Es tritt damit die Frage auf, was diese Führungsverantwortung beinhaltet?

Zunächst muß der delegierende Vorgesetzte sich davon überzeugen, daß der Mitarbeiter von seiner Ausbildung, seinem Können, seiner Erfahrung her dieser Aufgabe überhaupt gewachsen ist. Der Vorgesetzte nimmt seine Aufgabe sicherlich nicht richtig wahr, wenn er z. B. einem ungelernten Arbeiter – um ein extremes Beispiel zu geben – eine komplexe Planungsaufgabe im Sektor der Datenverarbeitung überträgt. Selbst wenn der Vorgesetzte diese Aufgabe überträgt, kann er sich damit der Verantwortung für das Ergebnis nicht entziehen. Er steht dafür ein, daß sein Mitarbeiter in der Lage ist, die Aufgabe zu bewältigen. Um sich dessen zu vergewissern, muß er ihn sorgfältig und angemessen kontrollieren.

Aber nicht allein in der richtigen Auswahl des Mitarbeiters oder in der richtigen Bemessung der Aufgabe liegt die Führungsverantwortung. Der Vorgesetzte muß auch die notwendigen Informationen sicherstellen, damit seine Mitarbeiter die ihnen gestellten Aufgaben bearbeiten können.

Neben der Informationspflicht haben die Vorgesetzten ihre Kontrollpflichten wahrzunehmen und sich davon zu überzeugen, daß ihre Mitarbeiter „auf dem richtigen Wege" bei der Aufgabenerfüllung sind.

Weiterhin müssen Vorgesetzte ihre Mitarbeiter beurteilen und sie vor allem dort, wo sie Stärken haben, fördern und Schwächen in ihrem Wissen und in ihren Erfahrungen beseitigen.

Erst wenn diese Führungsaufgaben von den Vorgesetzten voll und verantwortlich wahrgenommen worden sind, können sie angemessene Aufgaben an ihre Mitarbeiter delegieren. Nur dann trägt der Mitarbeiter allein die volle Verantwortung dafür, wenn sich Abweichungen zwischen dem angestrebten Soll und dem tatsächlichen Ergebnis bei einer übertragenen Aufgabe einstellen.

Diese Ausführungen zeigen, daß die häufig anzutreffende Aussage, es müßten im gleichen Umfang Aufgaben, Kompetenzen und Verantwortung übertragen werden, im Grundsatz zwar richtig ist; es zeigt sich aber, daß bei einer sorgfältigen Analyse die Zusammenhänge komplexer sind, als zunächst zu vermuten ist. Es lohnt jedoch, sich diese Zusammenhänge klarzumachen, weil damit zumindest die Möglichkeiten geschaffen werden, in der betrieblichen Wirklichkeit häufig auftretende Schwierigkeiten besser erkennen zu können.

Dieses verbesserte Verständnis ist Voraussetzung, um die Situation im Betrieb positiv verändern zu können. Insofern tragen eindeutige Festlegungen der Verteilung der Aufgaben, Befugnisse und Verantwortlichkeiten dazu bei, das zu beseitigen, was Ausgangspunkt unserer Überlegungen war, nämlich Absicherungstaktiken, Lethargie und mangelndes Initiativverhalten. Diese Zustände *müssen* beseitigt werden, wenn Unternehmen langfristig Bestand haben sollen.

3 Einstellung zur Arbeit

Die Gestaltung der Führung auf allen betrieblichen Ebenen muß in besonderer Weise die vorhandene Einstellung der Mitarbeiter zur Arbeit sowie deren Erwartungen berücksichtigen. Das Wissen um diese Einstellung stellt eine der Grundvoraussetzungen für jegliche Form der Führung dar. Welche Faktoren für Mitarbeiter, Führungskräfte sowie zukünftige Beschäftigte von Bedeutung sind, wurde in einer eigenen Umfrage in den Jahren 1988 und 1989 ermittelt.

Abb. 10: **Rangfolge der im Arbeitsverhältnis wichtigsten Faktoren**

	Was ist wohl für die Mitarbeiter wichtig?	Was ist für Sie als Führungskraft wichtig?	Was ist für Sie als Student wichtig?
Anerkennung	4	4	6
Fachwissen	10	7	9
Unterstützung durch Führungskraft	6	5	7
Sicherheit	2	10	10
Bezahlung	1	9	4
Arbeitsinhalt	3	2	1
Aufstiegsmöglichkeiten	7	6	2
Loyalität der Führungskraft	9	3	8
Arbeitsbedingungen	5	8	3
Führungsstil	8	1	5

Wertung: Ziffer 1 ist höchste Wertung, Ziffer 10 ist niedrigste Wertung.

Die Meinungen der z. T. jungen Führungskräfte und Studenten wichen selbst dann voneinander ab, wenn die Befragten im Rahmen gemeinsamer Unternehmensplanspiele erfolgten. Interessant ist auch, daß die Ergebnisse aus der Befragung von Betriebsräten sich von den Angaben der Studierenden nur unwesentlich unterschieden[15].

15 Studenten der Betriebswirtschaftslehre höherer Semester mit Schwerpunkten „Industrielle Führungslehre“ (Universität Hamburg) sowie „Personalwirtschaft und Organisation“ (Freie Universität Berlin)

3.1 Wodurch werden die Mitarbeiter motiviert?

Jegliches menschliche Verhalten, dementsprechend auch das Arbeitsverhältnis, wird durch die eigene Motivation bestimmt. Unter Motivation versteht man in diesem Zusammenhang sämtliche Vorgänge und Faktoren, die das Verhalten der Mitarbeiter erklären und verständlich machen. Die Motivation stimuliert dabei nicht nur das menschliche Verhalten, sondern bestimmt auch dessen Richtung. Man kann deshalb von einem mobilisierenden und einem richtungsgebenden Aspekt der Motivation sprechen. Motivation setzt sich aus einer Fülle von einzelnen Motiven zusammen. Diese können einander ergänzen oder miteinander rivalisieren. Je stärker die einzelnen Motive beim Mitarbeiter sind, umso mehr beeinflussen sie sein Verhalten. Bei der Motivierung des Mitarbeiters können stets nur einzelne Motive angesprochen werden.

Das bekannteste Modell zum Verhältnis der unterschiedlichen Motive hat Maslow[16] in seiner berühmt gewordenen Bedürfnishierarchie aufgezeigt:

Abb. 11:
Die Bedürfnishierarchie nach A. H. Maslow

16 Vgl. Maslow, A. H. (1954)

Abb. 12: **Vergleich zwischen befriedigenden und unbefriedigenden Faktoren**

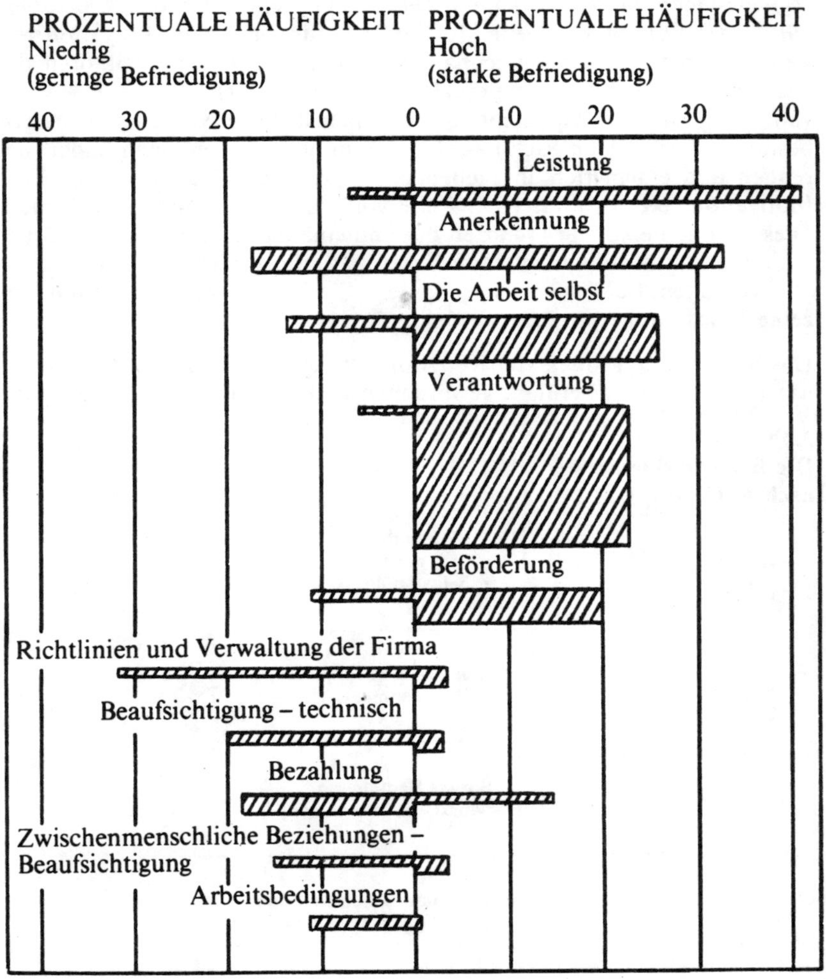

Nach Maslow wird das menschliche Verhalten durch eine Vielzahl von Motiven bestimmt, die in einem bestimmten Verhältnis zueinander stehen. Nach seiner Auffassung können die höheren Bedürfnisse erst dann angesprochen werden, wenn die niedrigeren Bedürfnisse relativ befriedigt sind

– eine These, die heute vielfach bestritten wird. Es kann jedoch davon ausgegangen werden, daß die Grundbedürfnisse der Stufen 1 und 2, die physiologischen und die Sicherheitsbedürfnisse bei allen Mitarbeitern weitgehend befriedigt sind. Es gilt also, vorwiegend die höher gelagerten Bedürfnisse im Auge zu behalten. Die sozialen Bedürfnisse können dabei von den Klein- und Mittelbetrieben in ganz besonderem Maße befriedigt werden.

Eine weitere, sehr verbreitete Einteilung von Motivgruppen ist Herzbergs Unterscheidung von Hygiene-Faktoren und Motivatoren[17]. Zu der Gruppe der Motivatoren zählen:

1. Leistung,
2. Anerkennung,
3. Arbeitsinhalt,
4. Verantwortung,
5. persönliches Fortkommen.

Als Hygiene-Faktoren nennt Herzberg:

1. die allgemeine Unternehmenspolitik,
2. fachliche Leistung der Vorgesetzten,
3. Arbeitsentgelt,
4. zwischenmenschliche Beziehungen,
5. sachliche Arbeitsbedingungen.

Nach Herzberg ist eine besondere Motivation der Mitarbeiter nur über die Gruppe der Motivatoren möglich. Die Hygiene-Faktoren vermögen die Einstellung der Mitarbeiter lediglich im negativen Sinne zu beeinflussen. Während eine positive Ausprägung als selbstverständlich angesehen wird und keinerlei Wirkungen auf das Verhalten der Mitarbeiter zeigt, wird durch eine unbefriedigende Ausprägung dieser Faktoren eine besonders negative Einstellung zur Arbeit hervorgerufen. Vereinfacht ausgedrückt bedeutet dies: Eine gute Unternehmenspolitik motiviert nicht, fehlt sie aber, so entsteht Unzufriedenheit. Ein schöner Arbeitsplatz motiviert auf Dauer nicht, ein schlechter drückt aber auf die Stimmung. Aus der von Herzberg und seinen Mitarbeitern erarbeiteten Übersicht (siehe Abb. 12 auf S. 38) wird die unterschiedliche Bedeutung der einzelnen Faktoren

17 Vgl. Herzberg, F. (1959)

deutlich. Zusammengefaßt läßt sich feststellen: Alle Faktoren, die sich direkt auf die ausübende Tätigkeit auswirken, motivieren den Mitarbeiter. Unternehmen, die in diesen Bereichen untätig sind, zahlen als „Ausgleich“ entsprechend mehr oder führen absichernde Regelungen ein. Hier liegt gerade für kleinere und mittlere Unternehmen eine große Chance, indem sie – oft weil sie es gar nicht anders können – individuell leistungsrelevante persönliche Eigenschaften des Mitarbeiters und seine fachlichen Fähigkeiten mit den Anforderungen des Arbeitsplatzes in Einklang bringen.

Es muß allerdings auch hier angemerkt werden, daß das Modell von Herzberg heute zunehmend der Kritik ausgesetzt ist. Gegenstand anderer Untersuchungen war die Frage, unter welchen Umständen die Arbeit eine Quelle der Befriedigung sein kann. Die Ergebnisse dieser Untersuchungen wurden wie folgt zusammengefaßt:

1. Der Mitarbeiter muß wissen, was er tut, und glauben, daß die Arbeit einen Wert und er eine Aufgabe hat.

2. Die Aufgabe muß ein gewisses Optimum an Anforderungen, ferner Risiken und Erfolgsmöglichkeiten enthalten.

3. Es muß ein Grund sein, ein Ziel anzustreben. Der Mitarbeiter möchte wissen, warum er arbeitet.

4. Der Mitarbeiter muß den Zweck einer Verantwortung für das Resultat empfinden können und einen Sinn in der Selbstlenkung (Disziplinierung) im Hinblick auf das Ziel sehen.

5. Der Mitarbeiter muß Vertrauen in die Aufrichtigkeit und den guten Willen derjenigen haben, mit denen er zusammenarbeitet.

3.2 Führungsverhalten und Bedürfnisse

Die Kenntnis der relevanten Bedürfnisstrukturen ist von grundlegender Bedeutung für die Anwendbarkeit von Führungsform und Führungsverhalten. Zum Beispiel hat Maslows Bedürfnishierarchie – trotz aller Kritik – die Diskussion kooperativer Führungformen maßgeblich beeinflußt. Insbesondere die dort als wesentlich erachteten Bedürfnisse nach Anerkennung, Status, Prestige und Selbstentfaltung bedingen entsprechende Organisations- und Führungsstrukturen.

Die von der neuen Führungsforschung entwickelte Weg-Ziel-Theorie der Führung geht von den Bedürfnissen der Mitarbeiter als Ansatzpunkt der Verhaltensbeeinflussung – und damit der Führung – aus. Hierbei wird nicht nur gefragt, welche Bedürfnisse für den Mitarbeiter wichtig sind, sondern vor allem dargestellt, wie der Prozeß von der Entstehung eines Bedürfnisses bis zu einer bestimmten Handlung des Mitarbeiters abläuft.

Dieser Theorie liegen folgende Überlegungen zugrunde:

1. Jeder Mensch muß sich zwischen mehreren Handlungsalternativen entscheiden.

2. Gewählt wird diejenige Alternative, die den größten Nutzen bringt, oder, anders ausgedrückt, den größten Wert und damit die größte Motivationswirkung hat.

Hierbei kann es sich um eine intrinsische oder extrinsische Motivation handeln. Bei einer intrinsischen Motivation erfolgt eine Befriedigung durch die Handlung selbst, während extrinsische Motive durch die Ergebnisse einer bestimmten Handlung befriedigt werden.

Beispiel: Ein Verkäufer befriedigt durch den Abschluß eines Kundenauftrages z. B. sein Selbstwertgefühl (intrinsisches Motiv) und gleichzeitig steigt sein provisionsabhängiges Gehalt (extrinsisches Motiv).

3. Die Handlungsalternative mit dem größen Nutzen wird jedoch nur gewählt, wenn auch eine ausreichende Wahrscheinlichkeit besteht, daß mit der gewählten Handlung das Ziel auch erreicht werden kann. Dies ist einmal davon abhängig, ob

   a) bestimmte Handlungen (z. B. erhöhte Arbeitsanstrengungen eines Verkäufers) auch zu bestimmten Ergebnissen (d. h. vermehrten Verkäufen) führen, und

   b) das Ergebnis (in diesem Fall die erhöhten Verkaufszahlen) auch der Erreichung des Zieles des Mitarbeiters dient (z. B. einer Gehaltserhöhung).

Für den Vorgesetzten ergeben sich in den einzelnen Phasen des Motivationsprozesses verschiedene Ansatzpunkte für eine positive Beeinflussung der Motivation und somit der Leistung des Mitarbeiters.

1. Motive des Mitarbeiters

   Der Vorgesetzte muß sich zunächst darüber klarwerden, welche persönlichen Ziele der Mitarbeiter durch seine Arbeit erreichen will (z. B. Erfolgserlebnis, Fähigkeiten einsetzen, soziale Anerkennung, Einfluß ausüben usw.). Anschließend ist zu prüfen, ob diese Bedürfnisse durch die Arbeitsaufgabe befriedigt werden. Ist dies nicht der Fall, können unterschiedliche Maßnahmen in Erwägung gezogen werden:

- inhaltliche Veränderung der Arbeitsaufgabe entsprechend den Fähigkeiten des Mitarbeiters;
- Veränderung der Art der Delegation, der Kontrolle und der Selbstständigkeit.

2. Zusammenhang zwischen Arbeitsanstrengungen und Arbeitsergebnissen

   Die erste Führungsaufgabe ist die Vereinbarung klarer, arbeitsbezogener Ziele mit dem Mitarbeiter. Danach ist zu prüfen, ob dem Mitarbeiter die Zusammenhänge zwischen seiner täglichen Arbeit und der Erreichung seiner Ziele klar sind. Möglicherweise benötigt der Mitarbeiter verbesserte Informationen und die fachliche Unterstützung durch den Vorgesetzten bei der Aufgabenerfüllung.

3. Zusammenhang zwischen Arbeitsergebnissen und Befriedigung der Mitarbeiterbedürfnisse

   Voraussetzung ist, daß der Vorgesetzte über die Arbeitsergebnisse des Mitarbeiters informiert wird. Der Mitarbeiter muß ebenfalls wissen, daß der Vorgesetzte die Leistung beobachtet und bereit ist, die Konsequenzen zu ziehen, z. B. ihn für eine Beförderung vorzuschlagen. Es muß weiterhin einen nachprüfbaren Zusammenhang zwischen den Arbeitsergebnissen und den entsprechenden Belohnungen (Gehaltssteigerungen, Beförderungen usw.) geben.

Neben den genannten Faktoren werden in der Weg-Ziel-Theorie weitere situative Faktoren berücksichtigt.

Dieses Führungsmodell wird dadurch zu kompliziert, um in der täglichen Führungsarbeit praktikabel zu sein. Die Darstellung der neueren Führungs- und Motivationstheorien soll auch kein Rezeptbuch für Führungssituationen sein. Es erscheint aber gerade wegen der vielfältigen Führungsproblematik auch für den Praktiker sinnvoll, sich mit den neueren Erkenntnissen vertraut zu machen.

3.3 Was bewirken Verbesserungsvorschläge?

Mitdenken und Initiative der Mitarbeiter hängen entscheidend vom Verhalten der Führungskräfte ab. Anerkennung und Führungsstil sowie das Einstehen für die Mitarbeiter und die Unterstützung durch die Führungskraft sind einige der Möglichkeiten, um das Interesse der Mitarbeiter zu wecken. Die Eignung zum Vorgesetzten zeigt sich aber vor allem in der Fähigkeit, die Mitarbeiter so zu führen, daß diese von sich aus ständig an Verbesserungen interessiert sind und über geeignete Methoden und Mittel nachdenken. Für diese weitergehende Aktivierung der Mitarbeiter bietet sich in ganz besonderem Maße das betriebliche Vorschlagswesen an. Solange Vorgesetzte unter allen Umständen den Eindruck zu vermitteln suchen, im Betrieb sei alles zum besten geordnet, etwaige Verbesserungsvorschläge als Kritik an der Führung auffassen und einen Unruhefakor darin sehen, bleiben die geistigen Kapazitäten der Mitarbeiter ungenutzt. Die Rechtsprechung gibt daher dem Betriebsrat sogar das Recht, die Initiative zur Einführung eines betrieblichen Vorschlagswesens zu ergreifen[18].

Ein Unternehmen würde jedoch hinter der Entwicklung und den Erfordernissen der Wettbewerbswirtschaft zurückbleiben, wenn nicht ständig Arbeitsverfahren, Produktionsformen und Organisationsstrukturen verbessert würden. Verbesserungsvorschläge, die aus den Reihen der Belegschaft kommen, zeichnen sich durch ihre besondere Praxisnähe aus.

Die Beteiligung am betrieblichen Vorschlagswesen steht und fällt mit dem damit verbundenen materiellen Anreiz. Es hat sich herausgestellt, daß weniger die Höhe einer finanziellen Anerkennung als vielmehr ihre Relation zum Nutzen, den das Unternehmen aus einem Verbesserungsvorschlag zieht, für die Mitarbeiter entscheidend ist. Auf jeden Fall sollte die Prämienordnung, bei der meist zwischen errechenbaren und nicht errechenbaren Vorschlägen unterschieden wird, veröffentlicht werden. Auch in Klein- und Mittelbetrieben sollten die Mitarbeiter – nicht unbedingt formalisiert – jederzeit Verbesserungsvorschläge machen können.

Insgesamt hat sich das Verbesserungsvorschlagswesen in der Bundesrepublik Deutschland sehr positiv entwickelt und damit im internationalen Bereich die USA eingeholt. Die Zahl der Vorschläge stieg von 1978 bis 1988 von 39 auf 147 je tausend Mitarbeiter, die Quote der Umsetzung der Vorschläge von 36% auf 41%.

18 Vgl. BAG-Urteil vom 28. 4. 1981, Der Betrieb 1981, S. 1882

4 Der neue Mitarbeiter

Geschäftsführer und Inhaber kleinerer Firmen vertreten immer wieder die irrige Auffassung, daß ihre Unternehmen hinsichtlich der Personalanwerbung viel geringere Chancen gegenüber den Großbetrieben haben, da diese alle Personalfragen zentral bearbeiten könnten, eine besssere personelle Betreuung aufzuweisen hätten, günstigere Ausbildungs- und damit Aufstiegsmöglichkeiten und umfassendere Sozialleistungen usw. bieten könnten.

Dabei übersieht man jedoch, daß gerade der überschaubare Klein- und Mittelbetrieb von der Personalwerbung und -betreuung her gesehen gute Chancen im Wettbewerb um Mitarbeiter hat, die er nur nicht immer zu nutzen versteht.

Eine Personalabteilung, die z. B. in Zusammenarbeit mit Organisationsfachleuten Auslastungsuntersuchungen vornimmt, um darauf aufbauend gezielte Anwerbungsaktionen durchzuführen, steht im Kleinbetrieb nicht zur Verfügung. Deshalb ist es für solche Betriebe notwendig, das Handwerkszeug der Personalbedarfsermittlung und Einstellung zu kennen. Werden Personalfachleute eingesetzt, so wird man die entsprechenden Aufgaben an sie übertragen.

Auch heute noch – oder schon wieder – bevorzugen viele Arbeitnehmer das familiäre Klima des Klein- und Mittelbetriebs. Das gilt es zu nutzen.

Wie aber können Führungskräfte, Geschäftsführung und Personalstelle gemeinsam bei der Anwerbung zu Erfolgen kommen?

Nach wie vor sind vor allem Fachkräfte sehr gefragt. Jedoch bei der Suche nach Arbeitskräften für einfachere Anforderungen sind oft umfangreiche Anwerbeaktionen erforderlich. Die Gründe dafür sind sehr vielfältig. Einer der Gründe ist sicherlich die geringe Mobilität der Arbeitnehmer.

Die Unternehmen legen zwar immer mehr Wert auf bessere Auswahlverfahren, allerdings wird auf der Vorstufe vielfach nicht überprüft, ob überhaupt eine Neu- oder Ersatzeinstellung eines Mitarbeiters zwingend erforderlich ist. Die Neueinrichtung eines 40 000-DM-„Jobs“ wird ohne weiteres akzeptiert, die Anschaffung einer Rechenmaschine im Wert von 400,– DM dagegen wird genau analysiert, die Einsetzbarkeit und Auslastung wird bis ins Detail ausgeleuchtet.

Der Grund für die unterschiedliche Handhabung liegt weniger in dem Unverständnis der Tragweite dieses Handeln als vielmehr im fehlenden

Instrumentarium und den nicht vorhandenen Spezialisten, welche die qualitativen und die quantitativen Überprüfungen vornehmen könnten.

In zahlreichen Veröffentlichungen wird zwar immer wieder auf Instrumente hingewiesen; sie sind jedoch häufig zu kompliziert oder zu abstrakt, um sie möglichst problemlos und ohne Vorkenntnisse einsetzen zu können.

Ist das Ergebnis der Prüfung schließlich positiv, so sollte nach Möglichkeit zunächst eine innerbetriebliche Besetzung erörtert werden, zumal das Betriebsverfassungsgesetz die innerbetriebliche Stellenausschreibung auf Verlangen des Betriebsrats vorsieht.

In Unternehmen, in denen eine mittelfristige Personalplanung vorgenommen wird, ist die Prüfung der Besetzung neuer Stellen rechtzeitig möglich, so daß auch Maßnahmen eingeleitet werden können, die sich über einen längeren Zeitraum erstrecken. Ideal wäre es, wenn bei der Personalplanung mittelfristig auch die Ausbildung der Auszubildenden darauf abgestellt würde.

4.1 Wie können Anwerbung und Auswahl erfolgen?

Um einen neuen Mitarbeiter von außen anzuwerben, gibt es verschiedene Möglichkeiten:

- Empfehlung von Bekannten,
- Aushang am Werkstor,
- Vermittlung durch das Arbeitsamt,
- Handzettel oder Plakate,
- Verbindung zu Schulen und Hochschulen,
- Inserate in Tageszeitungen und Fachzeitschriften,
- Mitarbeit eines Personalberaters,
- Angebot von Betriebsbesichtigungen,
- Zeitarbeitsunternehmen.

Eine Voraussetzung, um die oben genannten Anwerbungsmethoden erfolgreich praktizieren zu können, ist die genaue Beschreibung der Stelle. Neben den Tätigkeiten sind auch die Anforderungen exakt festzulegen.

Die Bedarfsdeckung über die Arbeitsämter ist finanziell, zeitlich und arbeitsmäßig wenig aufwendig. Wenn einzelne Unternehmen negative Erfahrungen der Zusammenarbeit mit den Arbeitsämtern sammelten, so liegt dies häufig an den Betrieben selbst. Es empfiehlt sich, den entsprechenden Sachbearbeiter beim Arbeitsamt nicht nur anzurufen, um ihm die Wünsche mitzuteilen; vielmehr ist ihm die vakante Position ausführlich zu beschreiben. Das Arbeitsamt muß sich, um eine richtige Vermittlung zustande zu bringen, über den Arbeitsplatz ein genaues Bild machen können.

Eine Inserierung in Zeitungen oder Fachzeitschriften sollte möglichst dort erfolgen, wo auch andere inserieren. Sogenannte „Anzeigenfriedhöfe" dürfen nicht abschrecken, da der Bewerber sich gerade darauf konzentriert. Für die Personalanzeige gilt nämlich: Je geballter ein Stellenanzeigenteil in einer Zeitung ist, desto attraktiver wird sie für veränderungswillige Leser.

Welche Zeitungen nun für eine Insertion ausgewählt werden sollen, richtet sich nach der Position und den regionalen Verhältnissen. Regionale Zeitungen eignen sich vor allem für Mitarbeiter in mittleren und unteren Positionen, Fachzeitschriften und überregionale Zeitungen für speziell ausgebildete Kräfte und Führungskräfte.

Aufbau, Inhalt und graphische Gestaltung entscheiden darüber, wie Inserate beim Leser ankommen. Fachleute empfehlen, alteingefahrene Regeln über Bord zu werfen und neue Gesichtspunkte zu beherzigen, die für die Wirksamkeit von Stellenanzeigen ausschlaggebend sein könnten.

Die Beschreibung der Tätigkeit muß der Wahrheit entsprechen. Sie ist eindeutig, klar und zutreffend zu erläutern.

Das beste Betriebsklima und die schönsten sozialen Einrichtungen können nicht darüber hinwegtäuschen, daß vor allem Leistung vom Bewerber erwartet werden muß. Daher sind diese Seiten des Angebotes erst an zweiter Stelle zu nennen. Insbesondere darf nur das offeriert werden, was der Betrieb auch halten kann. Nichts ist für das Image schädlicher als enttäuschte Mitarbeiter, die nach kurzer Zeit wieder kündigen, weil man ihnen falsche Versprechungen machte.

Bei der Abfassung des Textes hat sich folgende Gedankenstütze bewährt:

- genaue Berufsbezeichnung,
- Aufgabengebiet,
- Verantwortungsbereich,

- erwartete Kenntnisse,
- Berufserfahrung,
- Zeitpunkt des Eintritts,
- Information über das Unternehmen,
- Informationen über Entgelt, Sozialleistungen, Entwicklung und Aufstiegsmöglichkeiten sowie Arbeitszeit,
- Art und Umfang der erwarteten Bewerbung und Anschrift bzw. Chiffre der Firma.

Lassen sich beim Entgelt und bei den Sozialleistungen keine exakten Angaben machen, sollte man sich nicht auf Floskeln zurückziehen wie: „Dotierung und Sozialleistungen entsprechen der Bedeutung der Stelle“, vielmehr sollte man – wenn überhaupt – darauf hinweisen, daß Gehalt und Sozialleistungen in einem persönlichen Gespräch erörtert werden.

Chiffrierte Anzeigen sind möglichst zu vermeiden; offene Anzeigen haben in der Regel eine höhere Resonanz.

Bei der Aufzählung der gewünschten Bewerbungsunterlagen sollte nicht unbedingt eine handschriftliche Bewerbung (Angst vor graphologischer Auswertung) oder ein Lichtbild verlangt werden. Werden Zeugnisse verlangt, so genügen Abschriften oder Photokopien. Die Aufforderung, sich kurzerhand beim inserierenden Unternehmen telefonisch zu melden, kann sich unter Umständen als erfolgreich erweisen.

Die Größe der Anzeige spielt nur eine untergeordnete Rolle. Untersuchungen haben gezeigt, daß die Zahl und Qualität der Bewerber sich nicht proportional zum größten Anzeigenformat erhöhen. Das verwendete „Kaliber“ sollte in der Größe und Stärke von der jeweiligen Zielperson abhängen. Es lohnt sich kaum, mit Kanonen auf Spatzen zu schießen.

Allgemein gilt in Werbekreisen die Regel: Stellenanzeigen müssen sich der allgemeinen Werbelinie unterordnen. Bei Markenartikelfirmen hat es sich bewährt, auch gleichzeitig auf das Produkt hinzuweisen. Nach wie vor wird empfohlen, sich nach der sogenannten AIDA-Regel zu richten. Die einzelnen Buchstaben bedeuten dabei:

A = attention (Aufmerksamkeit wecken)
I = interesting (Interesse erzeugen)
D = desire (Wunsch, sich mit der Firma in Verbindung zu setzen)
A = action (Einsenden der Bewerbungsunterlagen)

Das Angebot ist möglichst verbindlich zu halten. Zu vermeiden sind deshalb diktatorische Forderungen, wie z. B. „Der Bewerber muß ...“. Vielmehr ist der Gesuchte direkt anzusprechen: „Sie sind ...“, „Sie erwarten ...“ Nicht sinnvoll ist auch die Suche nach Bewerbungen für mehrere Positionen in einer Anzeige, da jeder Interessent sich als Individuum angesprochen fühlen möchte.

Bei der Formulierung von Stellenanzeigen ist auf das Gleichbehandlungsgebot des § 611 b des BGB zu achten. Nach dieser Vorschrift soll der Arbeitgeber einen Arbeitsplatz weder extern noch intern nur für Männer oder nur für Frauen ausschreiben, d. h., er muß in der Regel bei seiner Wortwahl stets kenntlich machen, daß der Arbeitsplatz sowohl für weibliche als auch für männliche Bewerber in Betracht kommt.

Ist ein Firmenzeichen vorhanden, so sollte dies auch bei kleinen Anzeigen als Blickfang erscheinen.

Weiterhin sind bei der Herausgabe die Hauptkündigungszeiten zu berücksichtigen. Günstig ist es 4 bis 5 Wochen vorher zu inserieren. Absolventen von Hoch- und Fachschulen ist Gelegenheit zur rechtzeitigen Bewerbung vor der Prüfung zu geben.

Vielfach wird geraten, Mitarbeiter zum 1. April anzuwerben. Gründe: Ab 1. Juli beginnt die Urlaubszeit. Auch ist eine Kündigung zum 1. Januar im Hinblick auf die Weihnachtsgratifikation ungünstig. Enthält eine Anzeige den Hinweis auf einen späteren Eintrittstermin, schränkt sich der Kreis der potentiellen Bewerber von selbst ein.

4.2 Was ist bei der Einstellung zu beachten?

Der gesamte Einstellungsvorgang verlangt heute ein spezielles Wissen und hat derart komplizierte Voraussetzungen, daß diese Arbeit entsprechenden Spezialisten übertragen werden sollte.

Selbst wenn in einem kleineren Unternehmen keine Personalstelle vorhanden ist, wird sich ein Mitarbeiter mit entsprechenden arbeitsrechtlichen Kenntnissen darauf spezialisiert haben.

Vor einer Vorstellung werden zunächst die eingegangenen Bewerbungsunterlagen gesichtet und analysiert. Notizen über Sauberkeit, übersichtliche Zusammenstellung, Satzbau, Rechtschreibung und Interpunktion sind erforderlich. Das Bewerbungsschreiben ist auf Vollständigkeit, Aufmachung und Anordnung zu überprüfen. Aus dem Stil des Bewerbungsschrei-

Abb. 13: **Musterformular Stellenbeschreibung**[19]

Stellenbeschreibung

1. Stellenbezeichnung:	2. Rangstufe:
3. Ziel der Stelle bzw. Kurzbeschreibung des Aufgabengebietes:	
4. Stellenbezeichnung des direkten Vorgesetzten:	5. Der Stelleninhaber erhält zusätzlich fachliche Weisungen von (Stellenbezeichnung, Art und Umfang angeben):
6. Stellenbezeichnungen und Anzahl der direkt unterstellten Mitarbeiter:	7. Der Stelleninhaber gibt zusätzlich fachliche Weisungen an (Stellenbezeichnung, Art und Umfang angeben):
8. Der Stelleninhaber vertritt:	9. Der Stelleninhaber wird vertreten von:
10. Spezielle Vollmachten und Berechtigungen, die nicht in einer allgemeinen Regelung festgehalten sind:	
11. Beschreibung der Tätigkeiten, die der Stelleninhaber selbständig durchzuführen hat:	

Die dargestellten Tätigkeiten werden – soweit nicht schon geschehen – spätestens nach 12 Monaten seit Einführung der Stellenbeschreibung übernommen.

Datum	Datum	Datum	Datum
Unterschrift Stelleninhaber	Unterschrift unmittelbarer Vorgesetzter	Unterschrift nächsthöherer Vorgesetzter	Unterschrift einführende Stelle

Änderungsvermerke:

19 Formularvordruck „Stellenbeschreibung“, hrsg. vom Rudolf Haufe Verlag (Best.-Nr. 93.08), Freiburg i. Br. 1990

bens läßt sich häufig entnehmen, welches geistige Format der Bewerber hat. Die Prüfung eines mitgeschickten Lichtbildes ist vor allem bei Außendienstpersonal interessant. Schließlich sind die Zeugnisse (Schulzeugnisse und Arbeitszeugnisse), die Referenzen und der Lebenslauf zu beachten. Personalbogen und eine Zusammenstellung über die Bewerbungsunterlagen können bei der Analyse der Unterlagen helfen.

Nach Auswahl der Kandidaten folgt das Vorstellungsgespräch[20], das in der Regel vom Personalfachmann und dem zuständigen Vorgesetzten durchzuführen ist. Von beiden wird Menschenkenntnis erwartet. Sie müssen sich über die Fehler im klaren sein, die bei einer Beurteilung möglich sind. Dazu zählen der Überstrahlungseffekt, die Überformung, subjektive Beeinflussung wie Haartracht, Kleidung usw. Vor allem ist eine gesunde Skepsis gegen sich selbst angebracht. Nicht selten kommen Menschen zu Fehlurteilen, die sich auf dem Gebiet der Personalauslese als besonders erfahren einschätzen. Vermeintliche Überlegenheit steigert nämlich die Gefahr, unrichtige Urteile abzugeben. Wer sich zu sicher fühlt, begnügt sich schneller mit nur flüchtigen Eindrücken und vergißt dabei manches Wichtige. Die Auswirkungen subjektiver Faktoren lassen sich jedoch einschränken. Am besten einigt man sich innerhalb eines Unternehmens über allgemeine Beurteilungskriterien und betrachtet den Bewerber nach einheitlichen Gesichtspunkten. Dabei sind nur solche Beurteilungskriterien aufzunehmen, die auch tatsächlich beurteilbar sind. In einem Einstellungsverhandlungsbogen können z. B. die Abschnitte enthalten sein:

1. Ausbildung,
2. Berufserfahrung,
3. Auftreten,
4. Zielstrebigkeit, Wille zum Weiterkommen,
5. intellektuelle Leistungsfähigkeit, Auffassung,
6. sprachlicher Ausdruck,
7. Eignung für die zu besetzende Stelle.

Bei dem Vorstellungsgespräch ist genügend Zeit einzuplanen, so daß nicht aus Zeitgründen eventuelle Unsicherheiten in der Beurteilung in Kauf genommen werden müssen. Das Gespräch selbst sollte sich trichterförmig vom Allgemeinen zum Speziellen bewegen. Folgende Abschnitte des

20 Vgl. hierzu u. a.: Knebel, H. (1989)

Gesprächs kommen in Betracht: Vorstellung des Unternehmens, Ausbildung und Weiterbildung, bisherige berufliche Entwicklung und berufliche Interessengebiete, Wehrdienst, Führungsverhalten (falls erforderlich), Herkunft und soziale Stellung und Forderungen des Bewerbers sind anzusprechen. Eventuell sind Eignungstests erforderlich. Überwiegend beschränkt man sich dabei auf Arbeitsproben. Psychologische Tests treten mehr und mehr in den Hintergrund. Wurden mehrere Bewerber eingeladen, so empfiehlt sich die Abfassung einer Entscheidungsanalyse. Sie ist relativ einfach aufzubauen[21].

Ist ein Betriebsrat vorhanden, so ist dieser vor der Einstellung einzuschalten, da er nach §99 Betriebsverfassungsgesetz ein Zustimmungrecht hat. Erhebt der Betriebsrat keinen Widerspruch, kann die Einstellung erfolgen. Auf jeden Fall empfiehlt es sich, einen schriftlichen Arbeitsvertrag abzuschließen, um mögliche Streitigkeiten über Arbeitsbedingungen von vornherein zu vermeiden.

4.3 Wie sollte der neue Mitarbeiter eingeführt werden?

Nicht nur bei Berufsanfängern, sondern auch bei anderen neuen Mitarbeitern, die schon länger berufstätig sind, ist der erste Arbeitstag sehr entscheidend. Deswegen sollte – so übertrieben das manchem erscheinen mag – alles so vorbereitet sein, daß der neue Mitarbeiter sich in seiner ersten Stunde nicht verloren vorkommt, vielleicht noch nicht einmal einen Arbeitsplatz hat. Dazu gehören die Informationen über das Unternehmen und über die Arbeitsbedingungen sowie das Bekanntmachen mit Arbeitskollegen. Bewährt hat sich die Bestellung eines sogenannten „Paten“[22]. Ein Mitarbeiter übernimmt in den ersten Tagen die Aufgabe, dem neuen Kollegen alles Notwendige zu erklären und zu zeigen.

Erfahrungsgemäß passieren in den ersten Wochen und Monaten bei neuen Mitarbeitern relativ viele Unfälle[23]. Auch Kündigungen erfolgen in der ersten Zeit nicht nur auf Grund schlechter Leistungen. Dies ist in den meisten Fällen auf ungenügende Einweisung zurückzuführen.

Um unliebsame Begleiterscheinungen und Enttäuschungen auf beiden Seiten zu vermeiden, ist eine ausreichende Probezeit notwendig. Ein noch so gutes Auswahlverfahren kann nicht verhindern, daß Fehler und Irrtümer

21 Vgl. dazu ausführlich: Pillat, R. (1989), S. 214 ff.
22 Zander, E. (1982), S. 91 ff.
23 Vgl. Krause, H., Zander, E. (1982), S. 74 ff.

bei der Einstellung vorkommen. Es ist dann für beide sinnvoll, lieber das Arbeitsverhältnis rechtzeitig zu lösen, als es unter Vertuschung der Schwächen weiter bestehen zu lassen und schließlich die Trennung – sei es psychologisch wie auch rechtlich – unnötig zu erschweren.

Aus diesem Grunde ist neben der systematischen Einführung neuer Mitarbeiter auch eine gründliche Beurteilung vor Abschluß der Probezeit anzustreben.

Die sinnvolle Arbeitsunterweisung[24] beginnt mit der Vorbereitung des Arbeitsplatzes und – besonders bei handwerklichen Tätigkeiten – mit einer genauen Information über den Arbeitsvorgang. Zweckmäßigerweise wird er bei weniger vorgebildeten Mitarbeitern und vor allen Dingen bei branchenfremden Arbeitskräften aufgegliedert. Vom Vorgesetzten oder vom Fachkollegen sollte der Arbeitsgang erklärt, gezeigt und vorgeführt werden. Erfahrungsgemäß behält der Mensch 20% von dem, was er hört, 30% von dem, was er sieht, 50% von dem, was er hört und sieht, und 90% von dem, was er selbst tut. Diese Erfahrung sollte sich jeder bei der Einarbeitung zunutze machen.

Dann sollte der neue Mitarbeiter seine Arbeit selbst ausführen. Schließlich sollte ein Gespräch mit – soweit berechtigt – motivierender Anerkennung den Einweisungvorgang beenden. Je qualifizierter die Tätigkeit ist, desto selbständiger wird der Vorgesetzte dem Mitarbeiter auch im Anfangsstadium die Arbeit überlassen. Ein Vertrauensvorschuß bewährt sich in der Regel.

4.4 Wie ist die Probezeit zu nutzen?

Eine schriftliche Beurteilung vor der endgültigen Einstellung ist sinnvoll. Dadurch lassen sich nachteilige Folgen durch eine Weiterbeschäftigung ungeeigneter Mitarbeiter mit entsprechenden Konsequenzen nach dem Kündigungsschutzgesetz verhindern. Da eine solche Probezeit-Beurteilung qualitativ nicht mit einer normalen Beurteilung mit einem entsprechend langen Beurteilungszeitraum zu vergleichen ist, sollte sie sich weitgehend auf eine Negativauslese beschränken. Das Beispiel eines bewährten Musterformulars für eine Probezeitbeurteilung ist in der Abbildung 14 wiedergegeben.

---

24 Vgl. Zander, E. (1990), S. 33 ff.

Abb. 14: Musterformular Probezeitbeurteilung[25]

PERSONALABTEILUNG	**Probezeitbeurteilung**	

Personal-Nr.	Name und Vorname	Geboren am	Abt.-Kurzzeichen

Stellenbezeichnung

Abgesandt an Beurteiler	Beendigung d. Probezeit	Tarifgruppe	**Zurück spätestens bis**

A Beurteilung und Entscheidung (bitte Zutreffendes ankreuzen)

① Die Probezeit wird beendet, der Mitarbeiter soll ohne Vorbehalt weiterbeschäftigt werden.
Beurteilung der Leistung

Arbeitsgüte:*	Arbeitsmenge:	Einsatzbereitschaft:
├──┼──┼──┼──┤	├──┼──┼──┼──┤	├──┼──┼──┼──┤

* sehr gut, gut, Durchschnitt, unter Durchschnitt, unbrauchbar.

② Das Arbeitsverhältnis soll innerhalb der Probezeit fristgerecht gekündigt werden.

B Begründung (ist nicht erforderlich, wenn die Probezeit erfolgreich beendet wird)

Unmittelbarer Vorgesetzter	Abteilungsleiter	Mitarbeiter
Unterschrift	Unterschrift	Zur Kenntnis genommen

Anmerkung
Das Kündigungsschutzgesetz gewährt allen Arbeitnehmern, die länger als 6 Monate ununterbrochen im gleichen Unternehmen beschäftigt sind und das 18. Lebensjahr vollendet haben, Schutz vor einer sozial ungerechtfertigten Kündigung. In einem etwaigen Arbeitsgerichtsverfahren ist vom Arbeitgeber nachzuweisen, daß die Kündigung gerechtfertigt ist. Im Falle einer Weiterbeschäftigung über die Probezeit hinaus kann sich der Arbeitgeber nicht auf bestehende Zweifel an der Eignung berufen.
Wenn die Nichteignung feststeht, muß Personalstelle spätestens eine Woche vor Ablauf der vereinbarten Probezeit benachrichtigt werden.

---

25 Formularvordruck „Probezeitbeurteilung", hrsg. vom Rudolf Haufe Verlag (Best. Nr. 92.05), Freibug i. Br. 1990

Sollte der Vorgesetzte im Zweifel sein, ob der Mitarbeiter auf Dauer der geeignete „Mann" am richtigen Platz ist, so ist entweder ein zweiter Vorgesetzter zur Beurteilung heranzuziehen, oder es ist dem Mitarbeiter auf einem anderen Arbeitsplatz – falls vorhanden – eine weitere Chance zu geben.

Ist auch dies nicht möglich, ist u. U. eine Verlängerung der Probezeit anzustreben. Bei den Arbeitnehmervertretern ist für eine solche Maßnahme in den meisten Fällen großes Verständnis zu finden. Die Betriebsräte sind in der Regel an geeigneten, guten Arbeitnehmern interessiert.

Sind die Kosten für die Anwerbung eines Mitarbeiters schon sehr hoch, so betragen die Aufwendungen für die Einstellung eines wenig erfolgreichen Mitarbeiters ein Vielfaches. Darum ist es mehr als berechtigt, sich große Mühe bei der Einführung eines neuen Mitarbeiters zu geben. Das beginnt mit der Information über das Unternehmen und über die Mitarbeiter bis zur Einführung in den Tätigkeitsbereich. Dazu gehören auch Merkblätter oder Hinweise über das Unternehmen, die der Mitarbeiter auch mit nach Hause nehmen kann. Oft ist auch die Information der Familie begrüßenswert. Manche Unternehmen bieten die Möglichkeit, daß Mitarbeiter mit ihren Familien den Betrieb und den Arbeitsplatz besichtigen können. Auch im Zeitalter einer stärkeren Versachlichung der Beziehungen haben sich derartige persönliche Kontakte bewährt.

5 Aufgaben, Vergütung und Nebenleistungen

Zahlreiche Untersuchungen bestätigen, daß Vergütungen und Nebenleistungen in größeren Unternehmen meist höher liegen als in kleineren und mittleren. Diese Tatsache würde bei den kleineren und mittleren Betrieben zu einer aussichtslosen Situation führen, wenn sie – zumindest soweit sie in der Branche mit großen Unternehmen konkurrieren – nicht andere, für manche Mitarbeiter reizvolle Vorteile bieten könnten.

5.1 Warum sollte die Arbeitsaufgabe möglichst interessant sein?

Unsere Überlegungen zur Einstellung zur Arbeit haben deutlich gemacht, welche Bedeutung eine interessante Arbeit für viele Beschäftigte hat. Wenn auch die Diskussionen um die Schlagworte „Autonome Gruppen, Selbstbestimmung am Arbeitsplatz, job enrichment (Tätigkeitsanreicherung), job enlargement (Aufgabenerweiterung)" oft sehr praxisfern geführt wurden, wird uns die Grundidee in den kommenden Jahren bestimmt beschäftigen. Da aber alle diese Bestrebungen einen mündigen und eigenmotivierten Mitarbeiter voraussetzen, dürfen wir erfolgreiche „Selbstbestimmung" nicht erwarten, wenn diese Voraussetzungen nicht gegeben sind. Darum sind bei Versuchen mit gering qualifizierten Beschäftigten die Ergebnisse weit hinter den Erwartungen zurückgeblieben.

Kleine und mittlere Betriebe bieten – oft unbewußt oder zwangsläufig – auf diesem zukunftsträchtigen Gebiet für die Mitarbeiter viele Vorteile. Die meist vielseitige Aufgabenstellung und eine enge Zusammenarbeit mit anderen Stellen verhindern Einseitigkeit und geben Entfaltungsmöglichkeiten. Eine meist nur angedeutete Hierarchie bietet ganz natürliche Aufstiegschancen. Große Unternehmen versuchen besonders in den letzten Jahren, durch Entwicklungsprogramme oder mehr Durchlässigkeit in den Hierarchiestufen hier gleichzuziehen.

Ein Nachteil dieser für viele Mitarbeiter sehr positiven Situation ist die Problematik der Aufgabenabgrenzung, besonders wenn sie den Mitarbeitern nicht voll verständlich ist. Deshalb sind neben Zielsetzungen, besonders für Führungskräfte, Aufgabenbeschreibungen[26] zumindest in Kurzform zu empfehlen. Sie erleichtern auch die Abgrenzung der Verantwortung für Erfolge und für Fehler.

---

26 Vgl. hierzu ausführlich: Zander, E. (1990 a), S. 27 ff.

In Verbindung mit spezifischen Nebenleistungen gleicht eine interessante Aufgabenstellung bei den kleineren und mittleren Unternehmen die Nachteile aus, die sie oft auf dem Arbeitsmarkt haben.

5.2 Praxis der Lohn- und Gehaltsfestsetzung

In den meisten Fällen reicht eine Bezahlung auf der Grundlage herkömmlicher Lohn- und Gehaltstarife nicht aus, um die Forderung nach einer gerechten Entlohnung zu erfüllen. Dabei wird häufig kritisiert, daß wenig Anreiz zur Mehrleistung geboten wird.

Vor allem der Zeitlohn in seiner typischen Form ist durch die ungenügende Berücksichtigung der persönlichen Leistung charakterisiert. Die Beschäftigten rechnen mit einer festen Stundenvergütung, während der Arbeitgeber mit unsicheren Lohnkosten pro anzufertigender Einheit kalkulieren muß. Sicherlich wird der Zeitlohn in der Regel dort angewendet werden können, wo ein vertretbarer Leistungsmaßstab fehlt und eine Arbeitsszeitstudie wirtschaftlich nicht mehr zu verantworten ist.

Die bisherige Ermittlung des Zeitlohnes[27] erfolgte hauptsächlich durch tarifliche Tätigkeitsübersichten, wozu sach- und personenbezogene Tätigkeitsverzeichnisse zählen. In zahlreichen Tarifen wurden auch Arbeitsentgeltgruppen gebildet, die durch Aufzählung von Tätigkeiten gegeneinander abgegrenzt sind. Dieser Art der Gruppenbildung wird in Wirtschaftszweigen bevorzugt, in denen sich die Tätigkeiten gleichen. Unsicherheiten, die einfache Tätigkeitsverzeichnisse für die Einstufung bieten, versuchen einige Tarife dadurch zu beheben, daß sie Tätigkeiten, die die Lohngruppe kennzeichnen sollen, etwas ausführlicher beschreiben. Hierdurch wird klargestellt, welche Voraussetzungen für die Einstufung in eine Tätigkeitsgruppe erfüllt sein müssen.

Neben den reinen Tätigkeitsverzeichnissen sind in vielen Tarifen noch begrifflich bestimmte Entgeltgruppen festgelegt. Hierdurch soll eine mehr oder weniger ausführliche Begründung für die Einstufung möglich sein. Dabei wird entweder auf die Person des Arbeitenden, insbesondere seine Ausbildung und Fachkenntnisse, Bezug genommen, oder es werden die Art der Arbeiten, ihr Schwierigkeitsgrad und die Arbeitsbedingungen herausgestellt. Noch unübersichtlicher und komplizierter werden Eingruppierungen dann, wenn in den Tarifgruppen der Anteil der verschiedenen Tätigkeiten prozentual vorgegeben ist.

27 Vgl. Knebel, H., Zander, E. (1989), S. 127 ff.

Eine weitere Erschwerung kommt durch die Gewährung von Alterszulagen oder durch zu starke Berücksichtigung der Betriebszugehörigkeit hinzu; denn jüngere Mitarbeiter zeigen kaum Interesse, in einem Unternehmen zu arbeiten, wo – verglichen mit älteren Mitarbeitern – bei gleicher Leistung ein niedrigerer Lohn zu erwarten ist.

Alle diese Methoden bieten aber kaum die Gewähr für eine gerechte Entlohnung. Wie soll vor allen Dingen den Mitarbeitern bewiesen werden, daß sie in dieser oder jener Gruppe richtig eingestuft sind?

Zusätzlich werden oft arbeitsmarktabhängige Zulagen gewährt, die die Problematik weiter vergrößern. Gerade diese Zulagen, die dem Mitarbeiter u. U. mit dem Hinweis auf striktes Stillschweigen gezahlt werden, sind Ansatzpunkte für Unzufriedenheit. Trotz oder gerade wegen dieser Geheimnistuerei bleiben solche Gehaltszulagen meist nicht lange unbekannt. Hinzu kommen noch die von den Mitarbeitern gelegentlich angebrachten „kleinen Korrekturen“, die vom Informationsempfänger selbstverständlich für bare Münze genommen werden. Das daraus resultierende Mißtrauen und die schwelende Unzufriedenheit können nur durch ein systematisches Lohn- und Gehaltsfindungssystem abgebaut werden. Das oft anzutreffende Tabu der Gehälter sollte überwunden werden. Dabei gilt folgende Erfahrung: je kleiner die Gruppe und je differenzierter die Bezüge, desto stärker wird eine Veröffentlichung abgelehnt.

Es gibt heute schon eine Reihe von Ansätzen in mittleren Unternehmen, die sich Erfahrungen von Großunternehmen zunutze gemacht haben und systematische Verfahren praktizieren. Vereinzelt werden auch die sogenannten übertariflichen Zulagen mit Hilfe von Leistungslohnsystemen nach möglichst objektiven Maßstäben verteilt.

5.3 Arbeitsbewertung als Mittel für die gerechte Lohn- und Gehaltsdifferenzierung

Was in Großbetrieben teilweise längst mit großem Erfolg praktiziert wird, setzt sich nun langsam auch in kleineren und mittleren Unternehmen durch. Eine gerechte Lohn- und Gehaltsfindung kann nur mit Hilfe einer Arbeitsbewertung erfolgen, wie auch immer sie aussieht. Leider stehen vielfach die kleineren und mittleren Unternehmen der Arbeitsbewertung noch negativ gegenüber, da sie den wirtschaftlichen Nutzen als nicht ausreichend ansehen, um die Einführung einer Arbeitsbewertung voranzutreiben. Nach ihrer Meinung ist bei relativ kleinen Betriebsgrößen sowieso bekannt, was jeder Platz wert ist. Bei diesen Überlegungen werden leider zu selten die Nachteile der bisherigen Lohnfindung beachtet, die langfristig zu erheblichen Störungen führen können.

In den üblichen Lohn- und Gehaltsgruppentarifverträgen sind bereits – wie beschrieben – die Lohn- und Gehaltsgruppen entsprechend dem Schwierigkeitsgrad der auszuführenden Arbeiten gestaffelt. Bei der Einführung in die Lohn- oder Gehaltsgruppe sollten die persönlichen Zulagen der Mitarbeiter nicht berücksichtigt, sondern in Form von Zulagen entsprechend der persönlichen und oft schwankenden Leistung des Mitarbeiters gezahlt werden. Aus der Abhängigkeit von der individuellen Leistung ergibt sich dann der kurzfristige Charakter der Leistungszuschläge. Der Grundlohn muß dagegen langfristig Gültigkeit besitzen, weil er durch die Anforderungen, die die Arbeitsaufgabe an die auszuführenden Stellen stellt, bestimmt wird.

Eine Arbeitsbewertung soll die objektiv feststellbaren Schwierigkeiten, wie sie bei den einzelnen Arbeitsplätzen oder Arbeitsvorgängen auftreten, erfassen und messen. Dabei bleibt die persönliche Leistung des einzelnen Mitarbeiters unberücksichtigt. Für diese Leistungsbemessung wendet die Arbeitsbewertung mehrere Verfahren an.

Nach der summarischen Methode wird ein Arbeitsplatz ungegliedert bewertet; bei der analytischen Methode erfolgt eine Gliederung des Arbeitsplatzes nach den Anforderungsarten, wie Können, Erfahrung, geistige und körperliche Beanspruchung und Verantwortung für Personalführung und für eigene Arbeit. Heute steht diese zweite Methode, die analytische Arbeitsbewertung, im Vordergrund.

Einfachere Verfahren für die Lohn- und Gehaltsfindung auf der Basis der Arbeitsbewertung wurden schon verschiedentlich veröffentlicht.[28] Es empfiehlt sich daher, auf derartige Veröffentlichungen zurückzugreifen.

In Kleinunternehmen mit nur wenigen Mitarbeitern ist natürlich eine analytische Arbeitsbewertung wenig sinnvoll. Hier ist es aber auf jeden Fall nützlich, eine Struktur zu schaffen, die beispielsweise auf der Basis von Umfrageergebnissen der Arbeitgeberverbände oder anderer Institutionen beruht und als Grundlage die gültigen Tarife berücksichtigt. Wie sich die Entlohnungssysteme in ihrer Bedeutung verändern, zeigt die Abb. 15[29].

---

28 Vgl. Zander, E. (1990 a), S. 34 ff.
29 Vgl. Zander, E. (1986), S. 298

5.4 Gehaltsfestsetzung bei Führungskräften

Während im tariflichen Bereich die Sogwirkung der entsprechenden Abschlüsse sehr stark ist, sollen im außertariflichen Sektor und erst recht für die oberen Führungskräfte folgende Grundsätze gelten:

Gehaltsüberprüfungen sollten für diesen Personenkreis regelmäßig möglichst jährlich, unabhängig von tariflichen Terminen, erfolgen, wobei nicht jede Überprüfung automatisch eine Erhöhung bedeutet. In erster Linie sollten Leistungsgesichtspunkte den Maßstab für Gehaltserhöhungen liefern. Langfristig sollten jedoch alle Mitarbeiter eine nicht weit voneinander abweichende prozentuale Erhöhung ihrer Gesamtbezüge erhalten. In Einzelfällen kann der Betrag bei negativen Voraussetzungen natürlich darunter liegen.

Abb. 15: **Entlohnungssysteme im Zeitlauf**

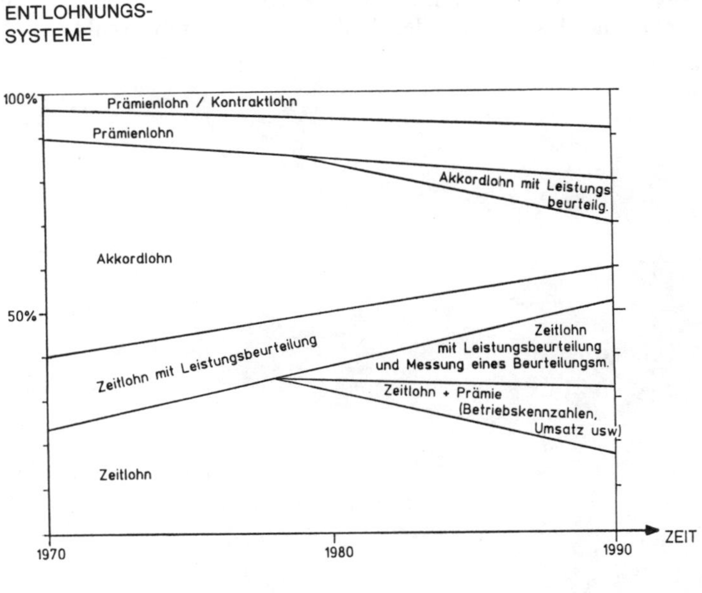

Zwischen einzelnen Wirtschaftsbereichen ist der prozentuale Tariferhöhungssatz nur so weit vergleichbar, wie sich die übertariflichen Zulagen ähneln. Während im öffentlichen Dienst eine Tariferhöhung nicht immer auch für den Ortszuschlag und z. B. grundsätzlich nicht für Ministerialzuschläge gilt, schlägt in der Wirtschaft je nach dem Anteil der übertariflichen Zulagen die Tariferhöhung nicht unbedingt auf die Gesamtbezüge durch.

Erfahrungsgemäß werden langfristig die Bezüge für Führungskräfte und außertariflich entlohnte Mitarbeiter in den meisten Fällen mit zeitlicher Verschiebung ähnlich erhöht wie im Tarifbereich[30].

Bei guter Ertragslage steigen oft die Gesamtbezüge dieses Personenkreises schneller an als im Tarifbereich; bei ungünstiger Situation ist es umgekehrt.

5.5 Wie sind Nebenleistungen sinnvoll zu gewähren?

Die Nebenleistungen, wie sie vielen Mitarbeitern in materieller Hinsicht gewährt werden, sind oft nicht stark in das Bewußtsein eingedrungen. So werden sie häufig unterbewertet.

Den gegenwärtigen Umfang zeigt am Beispiel des produzierenden Gewerbes die folgende Übersicht, die auf Berechnungen des Statistischen Bundesamtes und des Instituts der deutschen Wirtschaft beruht.

30 Vgl. Zander, E. (1990b), S. 297 ff.

Abb. 16: **Personalzusatzkosten im produzierenden Gewerbe**

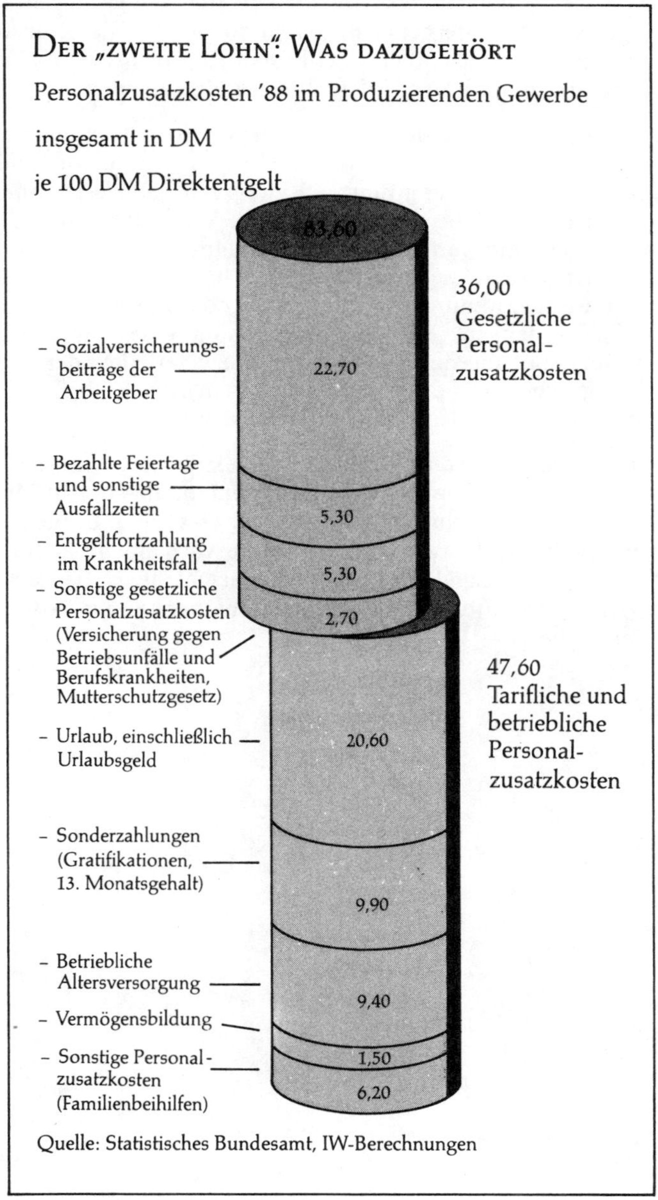

Allgemein läßt sich feststellen: Je kleiner das Unternehmen, desto dynamischer ist der Anteil der Zusatzkosten am Direktentgelt gestiegen. Andererseits: Je größer das Unternehmen, um so höher fällt dieser absolut aus. Außerdem wird deutlich, daß Personalkosten, Zusatzkosten und Direktentgelt je Arbeitnehmer mit der Unternehmensgröße zunehmen.

In vielen Unternehmen werden die betrieblichen Sozialleistungen umstrukturiert. Das hat verschiedene Gründe. Die wirtschaftliche und gesellschaftspolitische Entwickung führt z. B. weg von der Werkswohnung hin zur Unterstützung für die eigene Wohnung. Viele einstmals freiwilligen Nebenleistungen sind von staatlichen Regelungen oder Vereinbarungen der Sozialpartner aufgefangen worden. Manche dieser Leistungen erscheinen heute unsinnig, wenn wir an Hausbrand oder Zuschüsse für Einkellerungskartoffeln denken. Bei der Veränderung einer lange gewährten Nebenleistung muß allerdings das oft irrationale Verhalten der Mitarbeiter berücksichtigt werden, die mit dem geldwerten Ausgleich für eine nicht mehr zeitgemäße Nebenleistung nicht zufrieden sind.

Bei der Umschichtung von Nebenleistungen sollte die Unternehmensleitung alle steuerlichen Möglichkeiten ausschöpfen, um so dem Mitarbeiter einen möglichst hohen Nutzen zu gewähren. Das gilt z. B. für Zuschüsse zum Mittagessen, auch wenn keine Kantine vorhanden ist, für Sachgeschenke, für Aufmerksamkeiten anläßlich verschiedener Betriebsjubiläen und für viele andere Situationen, die der Steuerberater aus aktueller Sicht überprüfen sollte.

Abb. 17: **Leistungsarten mit ausgeprägt zu- bzw. abnehmender Bedeutung**[31]

Zunehmende Bedeutung	Vermutliche Hauptgründe*)	Abnehmende Bedeutung	Vermutliche Hauptgründe*)
Pro-Kopf-Betrag und Verbreitung		Pro-Kopf-Betrag und Verbreitung	
Lehrlingsausbildung	(1) (2)	Allgemeine Gratifikationen	(5)
Sonstige (verschiedene) Leistungen	(4)	Wohnungshilfe	(6) (7)
Jubiläumsgeschenke	(3) (2)	Fahrtkostenübernahme	(6) (8)
Arbeitskleidung	(1)	Zusätzlicher bezahlter Urlaub	(5)
Fortbildungslehrgänge	(1) (2)	Kuren und Heilverfahren	(8) (9)
		Begabtenförderung	(9)
Nur Pro-Kopf-Betrag			
Aufwendungen für ehemalige Mitarbeiter und Hinterbliebene	(3)	Nur Pro-Kopf-Betrag	
Zuschüsse zur Werksverpflegung	(3) (1) (2)	Betriebsausflüge und -feste	(6) (7)
Arbeitssicherheit	(1) (2)	Werkszeitschrift	(10)
Zuwendungen an Werksgruppen	(2)	Trennungsgelder	(8)
Sonstige Aufwendungen für Information	(1) (2)		
Prämien für Verbesserungsvorschläge	(1) (2) (3)		

*) (1) Betriebliche Notwendigkeit („Betriebsbedingtheit")
(2) Gestiegenes Interesse der Mitarbeiter (veränderte Bedürfnisse und Erwartungen)
(3) Gestiegenes Lohn- und Preisniveau
(4) Aus der Erhebung nicht erklärbar
(5) Tarifliche bzw. gesetzliche Regelung
(6) Rückläufige betriebliche Notwendigkeit
(7) Rückläufiges Interesse der Mitarbeiter
(8) Konjunkturelle Einflüsse
(9) Übernahme von Arbeiten durch andere Träger (z. B. Öffentliche Hand)
(10) Vordringen anderer Informationsmedien

Bedingt durch die hohen Personal- und Personalnebenkosten werden viele Firmen auch bei positiver Geschäftsentwicklung bemüht sein, ihre Belegschaft möglichst klein zu halten. Bei einer notwendigen Verringerung sind oft Sozialpläne erforderlich. Die durchschnittlichen Abfindungssummen[32] betrugen von 1980–1985 unter 5000 DM bei 17,2% der Arbeitnehmer,

31 Vgl. dazu ausführlich: Knebel, H., Zander, E. (1982), S. 97 ff.
32 Vgl. Hemmer, E. (1989)

5–10000 DM bei 25,2%, 10–15000 DM bei 18,4%, 15–20000 DM bei 13,1% und 20–30000 DM bei 12,5%.

5.5.1 Betriebliche Altersversorung

Als äußerst wichtig wird von den Mitarbeitern die Altersversorgung gesehen.[33] Vielleicht gerade deshalb, weil die gesetzliche Sozialversicherung langfristig nicht mehr so sicher erscheint wie in der Vergangenheit.

Die motivierende Wirkung der betrieblich beeinflußbaren Nebenleistungen auf Arbeitszufriedenheit hängt davon ab, wie weit eine Transparenz erkennbar ist. Zu den unternehmerischen Zielen einer ursprünglich stärker karitativ angelegten Gewährung von Nebenleistungen gehören heute Erleichterung der Anwerbung, Verringerung der Fluktuation und der Abwesenheit. Erhöhung der Arbeitsproduktivität, Verringerung innerbetrieblicher Konflikte und schließlich auch Einsparung von Steuern.

Im Wettkampf um die qualifizierte Arbeitskraft werden auch in Zukunft Klein- und Mittelbetriebe kreative Varianten zu den Großunternehmen finden müssen. Das ist auch oft ohne große finanzielle Auswirkungen möglich, da sie besser auf die individuellen Bedürfnisse der Mitarbeiter – z. B. Freizeit statt Entgelt, unbezahlter Urlaub, Arbeitszeitgestaltung – eingehen können.

Da die Altersversorgung bei den Mitarbeitern eine große Rolle spielt, sei näher darauf eingegangen.

Wenn selbst große Unternehmen, die viele Jahre eine betriebliche Altersversorgung prakitiziert haben, ihre Strategie überprüfen, gilt das erst recht für Klein- und Mittelbetriebe. Um zu verhindern, daß eine betriebliche Altersversorgung die Finanzkraft oder sogar die Existenz des Unternehmens gefährdet, muß sorgfältig vorgegangen werden. Dabei sollte die langfristige Leistung des Mitarbeiters im Vordergrund stehen.

Die bewährte Versorgungsordnung eines mittelständischen Unternehmens sei daher auf den nächsten Seiten wiedergegeben. Das Unternehmen erwähnt in der Präambel die Bedeutung des Einsatzes der Mitarbeiter für die Firma und bietet eine den Anforderungen und Leistungen entsprechende Vergütung, die auch angemessen die soziale Variante berücksichtigt.

---

33 Vgl. hierzu die Studie von Grawert, A. (1989)

Die Firma sieht es daher als wichtige Aufgabe an, ihren Mitarbeitern und deren Angehörigen auch in Notfällen sowie für die Zeit nach dem aktiven Berufsleben einen angemessenen Schutz zu bieten.

Zu diesem Zweck werden Direktversicherungen zugunsten der Mitarbeiter abgeschlossen. Die Prämien hierfür werden von der Firma aufgebracht.

1. Versorgungsberechtigter Personenkreis

Versorgungsberechtigt sind die Mitarbeiter der Firma, die

a) das 20. Lebensjahr vollendet haben

und

b) mindestens fünf Dienstjahre in der Firma zurückgelegt haben

und

c) bis zur vertragsgemäßen Beendigung des Arbeitsverhältnisses mit Vollendung des 63. Lebensjahres mindestens 15 Dienstjahre in der Firma erreichen können

und

d) sich in einem Dauerarbeitsverhältnis befinden und deren vertragsgemäße Arbeitszeit mindestens 50 % der betrieblich üblichen Arbeitszeit erreicht.

Die Versorgung beginnt zum 1. Januar des Jahres, das auf die Erfüllung der obengenannten Voraussetzung folgt, frühestens jedoch mit dem Zeitpunkt des Inkrafttretens der Versorgungsordnung.

Aus einer bei Versicherungsbeginn bestehenden, dem Mitarbeiter bekannten Gesundheitsschädigung, die bereits eine Minderung der Berufsfähigkeit bedingt, und/oder deren Folgen bestehen keine Ansprüche aus der Versorgungsordnung.

Mitarbeiter, die in dem Kalenderjahr, in dem sie die 5jährige Betriebszugehörigkeit erfüllen, ein rechnungsmäßiges Alter von 53 Jahren bereits erreicht haben, sind nicht mehr versorgungsberechtigt.

(Rechnungsmäßiges Alter = Kalenderjahr – Geburtsjahr)

2. Leistungen

Die Versorgung umfaßt folgende Leistungen:

– Altersversorgung

oder

– Hinterbliebenenversorgung,
jeweils als einmalige Kapitalzahlung ohne Rentenwahlrecht.

Diese Leistungen werden für jeden versorgungsberechtigten Mitarbeiter durch eine Lebensversicherung erbracht, die im Rahmen eines Gruppenversicherungsvertrages abgeschlossen wird.

Bei der Lebensversicherung handelt es sich um eine Kapitalversicherung auf den Todes- und Erlebensfall (Endalter 65) mit steigender Versicherungssumme in den letzten fünf Versicherungsjahren und der Möglichkeit, die Versicherungsleistung innerhalb dieses Jahres abrufen zu können (Abrufleistung). Bei Tod des Versicherten wird ein Todesfallkapital gezahlt, das zunächst der Abrufleistung zum rechnungsmäßigen 60. Lebensjahr entspricht und nach dem rechnungsmäßigen 60. Lebensjahr anwächst.

3. Höhe der Versorgungsleistungen

Die Höhe der versicherten Leistungen ist abhängig vom Beitrittsalter des versorgungsberechtigten Mitarbeiters und von der Höhe der Versicherungsprämie, die die Firma für ihn aufwendet.

Die Firma wendet für diese Versorgungsleistungen eine Monatsprämie in Höhe von 5% des zu Beginn des Versicherungsjahres maßgebenden Brutto-Monatsgehaltes (monatliches Grundgehalt ohne Einmal-, Sonderzahlungen, Zuschläge, Erstattungen oder vergleichbaren Leistungen) auf.

Prämien zu bereits bestehenden Direktversicherungen werden auf die vorstehend beschriebene Prämie angerechnet.

Ergibt sich infolge Gehaltserhöhung eine Nachversicherungssumme von mindestens 1000,– DM und ist das rechnungsmäßige Beitrittsalter von 53 Jahren noch nicht überschritten, wird zu Beginn des folgenden Kalenderjahres eine zusätzliche Nachversicherung abgeschlossen, wodurch Rechte aus bereits bestehenden Versicherungen nicht beeinträchtigt werden.

Der versorgungsberechtigte Mitarbeiter erhält einen Versicherungsschein, in dem die versicherten Leistungen dokumentiert werden.

Die im Versicherungsvertrag vereinbarten Leistungen erhöhen sich noch um die Gewinnbeteiligung. Dieser kommt erhebliche Bedeutung zu, denn der Versicherer hat sich satzungsgemäß verpflichtet, nahezu alle erwirtschafteten Überschüsse zu vergüten. Die Gewinnbeteiligung führt zu einem stetigen Wertzuwachs der vertraglich vereinbarten Leistungen.

4. Fälligkeiten der Versorgungsleistungen

a) Altersversorgung

Der versorgungsberechtigte Mitarbeiter kann erstmals bei Vollendung des rechnungsmäßigen 60. Lebensjahres die Abrufleistung in Anspruch nehmen (Abruf zum rechnungsmäßigen 60. Lebensjahr).

Ruft er die Versicherungsleistung nicht zu dem vorgenannten Termin ab, so ist anschließend der Abruf zu jedem Monatsschluß möglich. Die Höhe der – nun steigenden – Abrufleistung richtet sich nach dem Abruftermin.

Wird die Versicherungsleistung nicht vorzeitig abgerufen, so wird sie bei Vollendung des rechnungsmäßigen 65. Lebensjahr an den versorgungsberechtigten Mitarbeiter ausgezahlt.

b) Hinterbliebenenversorgung

Stirbt der versicherte Mitarbeiter vor Ablauf der Versicherung, so erhält oder erhalten die von ihm vor Eintritt des Versicherungsfalles schriftlich benannte Person bzw. benannten Personen das vertraglich vereinbarte Todesfallkapital zuzüglich Gewinnbeteiligung. Der versicherte Mitarbeiter kann jederzeit vor Eintritt des Versicherungsfalles eine andere Person bzw. andere Personen benennen.

Soweit eine schriftliche Benennung nicht erfolgt ist, wird die Leistung in folgender Rangfolge ausgezahlt:

- *dem Ehegatten, mit dem der versicherte Mitarbeiter im Zeitpunkt seines Ablebens verheiratet war,*
- *den ehelichen und ihnen gesetzlich gleichgestellten Kindern zu gleichen Teilen,*
- *den Eltern,*
- *den Erben.*

Das Todesfallkapital entspricht bei Tod vor Vollendung des rechnungsmäßigen 60. Lebensjahrs der Abrufleistung im Alter von 60 Jahren.

Bei Tod des Versicherten nach Vollendung des rechnungsmäßigen 60. Lebensjahrs ist die Höhe des – nun steigenden – Todesfallkapitals abhängig vom Zeitpunkt des Todes des Versicherten.

5. Unwiderrufliche Begünstigung

Der versorgungsberechtigte Mitarbeiter ist sowohl für den Todes- als auch für den Erlebensfall unter Berücksichtigung der in Ziffer 7 niedergelegten Vorbehalte unwiderruflich bezugsberechtigt.

Dieses Bezugsrecht bezieht sich auch auf die Gewinnbeteiligung.

6. Finanzierung der Versorgungsleistungen sowie steuerrechtliche und sozialversicherungsrechtliche Auswirkungen

*a) **Finanzierung***

Die Versogungsleistungen werden ausschließlich durch die Firma finanziert. Die Firma entrichtet als Versicherungsnehmer die Prämien an ein Versicherungsunternehmen.

*b) **Steuerrechtliche Auswirkungen***

Die Prämien für die Direktversicherungen gehören im Grundsatz zum steuerpflichtigen Einkommen des Mitarbeiters. Von den Prämien bleiben jedoch zunächst 312,– DM p. a. als sogenannter Zukunftsicherungsfreibetrag (§ 2 Absatz 3 Ziffer 2 LStDV) lohnsteuerfrei, soweit eine Versicherungsdauer von 12 Jahren nicht unterschritten wird und dieser Betrag nicht bereits bei anderen Zukunftsicherungsleistungen abgesetzt wird. Darüber hinaus werden die Direktversicherungsprämien im Rahmen der Höchstgrenzen des § 40b EStG von der Firma mit einem Satz von 10% zuzüglich anteiliger Kirchensteuer pauschal versteuert. Die Pauschalsteuer wird von der Firma getragen.

Die Prämienteile, die nicht mehr pauschalversteuert werden können, sind beim Mitarbeiter lohnsteuerpflichtig. Die Steuer ist von den Mitarbeitern zu tragen; diese Prämienteile können aber im Rahmen der gesetzlichen Bestimmungen des § 10 EStG als Vorsorgeaufwendungen geltend gemacht werden.

Die vorstehenden Ausführungen basieren auf dem derzeitigen Stand des Steuerrechts.[34]

34 Die in den Firmenbedingungen aufgeführten steuerlichen Regelungen zu Direktversicherungen sind durch die Steuerreform 1990 überholt; der Zukunftssicherungsfreibetrag wurde aufgehoben, der Pauschalsteuersatz auf 15% erhöht. Vgl. Christoffel, H. G. (1990), S. 299 f.

*c) **Sozialversicherungsrechtliche Auswirkungen***

Nach geltendem Recht sind nach § 40b EStG pauschalbesteuerte Direktversicherungsbeiträge, die von der Firma zusätzlich zum Arbeitsentgelt gezahlt werden, sozialversicherungsfrei.

7. Regelung bei vorzeitigem Ausscheiden

Scheidet der versorgungsberechtigte Mitarbeiter vor Eintritt des Versorgungsfalles aus den Diensten der Firma aus, so wird ihm die Versicherung überlassen, sofern er zum Zeitpunkt des Ausscheidens das 35. Lebensjahr vollendet hat
und
entweder die Versicherung zehn Jahre bestanden hat
oder
das Arbeitsverhältnis zwölf Jahre und die Versicherung drei Jahre bestanden hat.

Scheidet der Versorgungsberechtigte aus den Diensten der Firma aus, bevor die obigen Voraussetzungen erfüllt sind, oder begeht er Handlungen, die der Firma das Recht geben, die Versicherungsansprüche zu mindern oder zu entziehen, so erlischt jeglicher Anspruch auf eine Leistung.

Im Falle der Überlassung der Versicherung wird die Firma innerhalb von drei Monaten eine etwaige Beleihung der Versicherung rückgängig machen und ggf. vorhandene Prämienrückstände ausgleichen. Der versorgungsberechtigte Mitarbeiter erhält dann das Recht, die Versicherung als Einzelversicherung nach dem geltenden Tarif der Versicherungsgesellschaft mit eigener Prämienzahlung fortzuführen oder in eine prämienfreie Versicherung umwandeln zu lassen.

Mit der Überlassung der Versicherung und der damit verbundenen Übertragung der Versicherungsnehmereigenschaft auf den versorgungsberechtigten Mitarbeiter erlischt jeglicher weitere Anspruch gegen die Firma.

Scheidet der Versorgungsberechtigte vor Vollendung des rechnungsmäßigen 60. Lebensjahres aus den Diensten der Firma wegen Berufsunfähigkeit aus, werden hiervon die unter Punkt 4 beschriebenen Leistungen nicht berührt.

Für den Begriff der Berufsunfähigkeit gelten die Bedingungen für die Berufsunfähigkeits-Zusatzversicherung des Versicherungsunternehmens, die mit den Allgemeinen Versicherungsbedingungen dem Versicherungsschein beigefügt sind.

8. Vorbehalte hinsichtlich der Kürzung oder des Widerrufs der zugesagten Leistungen

Die Firma behält sich vor, die zugesagten Leistungen zu kürzen oder einzustellen, wenn
sich die wirtschaftliche Lage der Firma nachhaltig so wesentlich verschlechtert hat, daß ihr eine Aufrechterhaltung der zugesagten Leistungen nicht mehr zugemutet werden kann,
oder
der Personenkreis, die Beiträge, die Leistungen oder das Pensionierungsalter bei der gesetzlichen Sozialversicherung oder anderen Versorgungseinrichtungen mit Rechtsanspruch sich wesentlich ändern,
oder
die rechtliche, insbesondere die steuerrechtliche Behandlung der Aufwendungen, die zur planmäßigen Finanzierung der Versorgungsleistungen von der Firma gemacht worden sind, sich so wesentlich ändert, daß die Aufrechterhaltung der zugesagten Leistungen nicht mehr zugemutet werden kann
oder
der versorgungsberechtigte Mitarbeiter Handlungen begeht, die in grober Weise gegen Treu und Glauben verstoßen oder zu einer fristlosen Entlassung berechtigen würden und daher die Inanspruchnahme der zugesagten Leistungen rechtsmißbräuchlich erscheint.

9. Verfügungsbeschränkungen

Verpfändungen, Abtretungen, Beleihungen sowie jede andere Verfügung über die eingeräumten Versorgungsansprüche durch den versorgungsberechtigten Mitarbeiter sind ausdrücklich ausgeschlossen, damit der Zweck der Zukunftssicherung jederzeit gewährleistet bleibt.

10. Versicherungsvertrag

Die Versicherungen werden im Rahmen eines Gruppenversicherungsvertrages zwischen der Firma und dem Versicherungsunternehmen abgeschlossen. Die Firma ist Versicherungsnehmer und Prämienschuldner. Der versorgungsberechtigte Mitarbeiter ist verpflichtet, seine Zustimmung zum Abschluß der Versicherung zu erteilen, alle mit dem Versicherungsabschluß zusammenhängenden Fragen zu beantworten und sich ggf. allen geforderten Untersuchungen zu unterziehen.

5.5.2 Erfolgs- und Gewinnbeteiligung

Eine sehr sinnvolle Nebenleistung – die bei manchen Tätigkeiten sogar einen beträchtlichen Umfang annehmen kann – ist eine Erfolgs- oder Gewinnbeteiligung.

Wenn selbst große Firmen mit einer langfristig motivierenden Erfolgsbeteiligung oft Probleme haben, ist es für die Klein- und Mittelbetriebe noch schwieriger, ein transparentes System zu entwickeln. Hier sei darum eine in einem Kleinbetrieb bewährte Erfolgsbeteiligung für Mitarbeiter vorgestellt.

Ziel des folgenden Modells ist es, die Mitarbeiter am wirtschaftlichen Erfolg des Unternehmens zu beteiligen, den individuellen Beitrag der Mitarbeiter zum Wirtschaftsergebnis zu berücksichtigen und schließlich durch die materielle Anerkennung zusätzliche Leistungsanreize zu geben.

Eine Erfolgsbeteiligung erhalten alle – meist sehr qualifizierten Mitarbeiter –, die in einem unbefristeten und ungekündigten Arbeitsverhältnis stehen, nach Abschluß des Geschäftsjahres im folgenden Jahr.

Voraussetzung ist, daß der Gewinn der Gesellschaft mehr als 800 000 DM und der Gewinn des Bereichs mehr als 250 000 DM oder 10 % vom Gesamtumsatz beträgt. Eine obere Grenze ist ebenfalls vorgesehen.

Als Bezugsbasis gelten nicht nur rechnerische Daten, sondern die individuell erbrachten Leistungen werden in eine Gesamtbetrachtung einbezogen. Beurteilungskriterien dazu sind:

- Abgerechnete Leistungen
- Ausnutzung der verfügbaren Zeit und Mehrarbeit
- Selbständige persönliche Weiterqualifizierung im Fachgebiet
- Beratungskompetenz beim Kunden (Auftreten, Projektleitung, Akzeptanz)
- Akquisition von Anschlußaufträgen
- Teamfähigkeit
- Veröffentlichungen von Fachbeiträgen und Referententätigkeiten
- Beiträge zur Fortentwicklung des Know-hows
- Firmenorientiertes Verhalten und Handeln

Grundlage für die Ausschüttung sind 5% vom Gewinn des Bereichs im Geschäftsjahr. Der Bereichsleiter, der seine Prämie vorweg erhält, unterbreitet der Geschäftsführung einen Vorschlag über die Verteilung des Budgets auf die Mitarbeiter des Bereichs, die dann über die Höhe der auszuzahlenden Beträge und einer möglichen Beteiligung, z. B. der Sekretärinnen, entscheidet. Außergewöhnlich hohe Erträge, die vorübergehend und nicht durch das normale Geschäft des Bereichs zustande gekommen sind, können von der Geschäftsführung aus dem Berechnungsbudget herausgenommen werden.

Die Erfolgsbeteiligung kann jederzeit beendet oder verändert werden. Für den Fall einer Fortführung bedarf es einer erneuten schriftlichen Festlegung.

6 Leistungsbeurteilung als Führungsmittel

Eines der vieldiskutierten Führungsmittel ist die Leistungsbeurteilung. Obwohl uns schon aus dem alten Ägypten Leistungsbeurteilungssysteme, z. B. für Lehrer, bekannt sind, die manche Fehlentwicklung im heutigen Bildungswesen hätten verhindern können, fürchten manche – meist führungsschwache – Vorgesetzte eine Leistungsbeurteilung. Mitarbeiter stehen aufgrund zahlreicher Umfragen einer Beurteilung relativ positiv gegenüber.

Abb. 18: **Die folgende Übersicht von je rd. 1000 Befragten gibt darüber einen Überblick:**

	USA	Japan	Deutschland
möglichst keine Leistungsvergleiche	11%	32%	12%
Leistungsvergleiche, aber keine Eröffnung der Ergebnisse	5%	17%	3%
Eröffnung nur der positiven Ergebnisse	6%	12%	1%
Unterrichtung jedes einzelnen über seine Stärken und Schwächen	78%	39%	84%

Einzelne Vorgesetzte sehen eine Beurteilung qualifizierter Mitarbeiter und erst recht eine daran orientierte Vergütung als nicht sinnvoll an. Dazu sei auf eine Äußerung von Goethe[35] über die Bezahlung von Theaterdirektoren hingewiesen:

„Nichts ist für das Wohl eines Theaters gefährlicher, als wenn die Direktion so gestellt ist, daß eine größere oder geringere Einnahme der Kasse sie persönlich nicht weiter berührt und sie in der sorglosen Gewißheit hinleben kann, daß dasjenige, was im Laufe des Jahres an der Einnahme der Theaterkasse gefehlt hat, am Ende desselben aus irgendeiner anderen Quelle ersetzt wird. Es liegt einmal in der menschlichen Natur, daß sie leicht erschlafft, wenn persönliche Vorteile oder Nachteile sie nicht nötigen. Nun ist zwar nicht zu verlangen, daß ein Theater in einer Stadt wie Weimar sich selbst erhalten solle und daß kein jährlicher Zuschuß aus der fürstlichen Kasse nötig sei. Allein es hat doch alles sein Ziel und seine Grenze, und einige tausend Taler jährlich mehr oder weniger sind doch keineswegs eine

35 Eckermann, J. P. (1962), S. 197

gleichgültige Sache, besonders da die geringere Einnahme und das Schlechterwerden des Theaters natürliche Gefährten sind, und also nicht bloß das Geld verloren geht, sondern die Ehre zugleich."

6.1 Warum beurteilen?

Menschenführung ist ohne Beurteilung nicht denkbar, denn Einsatz und Förderung der Mitarbeiter setzen Meinungsbildung über Leistung und Verhalten der Mitarbeiter voraus. Eine freie Bewertung ist wenig geeignet, um Gerechtigkeit und Vergleichbarkeit im Betrieb zu erreichen.

Ein Führungsstil, der neben dem Erreichen der unmittelbaren Unternehmensziele auch die Wünsche und Bedürfnisse der Mitarbeiter berücksichtigen soll, ist ohne Mitarbeiterbeurteilung nicht denkbar. Sie ist darum eines der wichtigsten Führungsmittel. Urteilen und bewerten gehört zu den Selbstverständlichkeiten des täglichen Lebens. Ein systematisches Beurteilungssystem bringt aber schon in der Konzeption und erst recht in der Durchführung viele Probleme mit sich.

Die Beurteilungsmerkmale müssen zunächst so gewählt sein, daß sie alle für die betriebliche Arbeit wichtigen Bereiche umfassen, um ein für das Unternehmen gültiges Bild der einzelnen Mitarbeiter zu gewinnen. In einem Unternehmen, in dem regelmäßig beurteilt wird, sind die Mitarbeiter sicher, daß bei einem zeitweiligen Nachlassen der Leistungen – sei es nun durch Krankheiten oder familiäre Sorgen – die früheren Leistungen nicht unberücksichtigt bleiben. Ein systematisches Beurteilungswesen führt jedem, der beurteilt, eine besondere Verantwortung für den Mitarbeiter und das Unternehmen vor Augen – das gilt auch für mittlere und kleinere Unternehmen, in denen der persönliche Kontakt oft enger ist.

Ein Mitarbeiter verlangt von seinem Vorgesetzten und seinem Unternehmen in erster Linie Gerechtigkeit. Untersuchungen haben gezeigt, wie oft Mitarbeiter aus dem Gefühl heraus gekündigt haben, ungerecht behandelt und beurteilt worden zu sein. Natürlich wird es eine absolute Gerechtigkeit nie geben. Diese Tatsache befreit uns aber nicht von der Notwendigkeit, sie unaufhörlich anzustreben und soweit wie möglich zu realisieren. Mit einem systematischen Beurteilungswesen kommt man diesem Ziel näher.

Durch eine systematische Beurteilung, die sich nicht auf die Betrachtung von Einzelfällen beschränkt, wird der Vorgesetzte veranlaßt, intensiv über die Persönlichkeit seiner Mitarbeiter nachzudenken. Damit ist die Beurteilung als Grundlage für alle Entscheidungen in Fragen des Personaleinsatzes, der Förderung und der gehaltlichen Entwicklung des Mitarbeiters gegeben.

Bei der Eröffnung der Beurteilung, in dem sogenannten Kritikgespräch, erfährt der Mitarbeiter, worin er besonders gute Leistungen zeigt, aber auch, wo er Schwächen hat und wie diese zu beseitigen sind. Der Mitarbeiter weiß also, woran er ist, und macht sich keine falschen Vorstellungen. In seinem und im Interesse des Unternehmens kann er sich jetzt leichter selbst beurteilen und dementsprechend seine Kenntnisse und sein Können verbessern.

Die Beurteilungsanlässe können sehr vielfältig sein. Aus der Praxis zahlreicher Firmen seien folgende Gesichtspunkte aufgeführt:

1. Auslese und Einweisung zur Probe eingestellter Mitarbeiter,
2. Kontrolle der Erfüllung der Arbeitsaufgabe,
3. Förderung des Mitarbeiters,
4. Kündigung,
5. Versetzung,
6. Lohn- und Gehaltsfestsetzung,
7. Auslese bei Unterbeschäftigung.

Allein daraus ist schon ersichtlich, daß die Personalbeurteilung auch für den Mitarbeiter günstig sein kann.

Im einzelnen lassen sich die Vorteile wie folgt zusammenfassen:

- Für den Mitarbeiter

1. Falsche Hoffnungen entstehen nicht, also auch keine Enttäuschungen.
2. Die Personalbeurteilung gibt Gelegenheit zum persönlichen Gespräch, das sich auch vom Beurteilungsgegenstand lösen kann (z. B. Organisationsgespräch).
3. Richtig gehandhabt, stellt die Personalbeurteilung eine Hilfe zur Selbsthilfe dar (Hilfe zur Korrektur des eigenen Verhaltens, Ansporn zur eigenen Weiterbildung).
4. Schutz vor Willkür (u. U. Schutz vor sofortiger Entlassung, vor ungerechten – disziplinarischen – Maßnahmen).

– Für den Vorgesetzten

1. Der Vorgesetzte muß sich Zeit nehmen, über die Qualität der Mitarbeiter – vergleichend – nachzudenken, was sonst oft unterbleibt. Dadurch werden auch andere Personalentscheidungen (Personalauslese, Gehaltsentscheidung) besser.

2. In einem ausführlichen Beurteilungsgespräch kann der Vorgesetzte auch die Meinung des Mitarbeiters erfahren.

– Für das Unternehmen

1. Ein Klima der Offenheit „reinigt die Luft“ (Offenheit im Einzelfall ist nicht leicht, langfristig auf jeden Fall aber vorteilhaft für das Vorgesetzten-Mitarbeiter-Verhältnis).

2. Aus den Beurteilungen läßt sich auch die Qualität der Beurteiler (Vorgesetzteneignung) erkennen.

3. Eine Bestandsaufnahme der Förderungswürdigen führt näher zum Ziel „Jeder am richtigen Platz“.

4. Schriftliche Beurteilungen schränken das „Hochloben“ und das „Runterdrücken“ ein. Der Ressortegoismus bei Versetzungsaktionen tritt zurück (denn: bewußt falsche Beurteilungen werden bei Versetzung leicht offenbar).

5. Arbeitsabläufe werden optimiert, Störungen vermindert und die „Spielregeln“ zwischen Vorgesetzten und Mitarbeitern beurteilungsfähig gemacht.

Vieles spricht also für eine systematische Beurteilung, aber was muß sich nun ändern? Statt der bisher oft farblosen Beurteilungen sollen zusätzliche Leistungen, besondere Interessen sowie die Eigenheiten der Mitarbeiter schriftlich festgehalten werden, um so bestimmte, für die Leistungsfähigkeit des Mitarbeiters wichtige Fähigkeiten und Begabungen aufzuspüren.

Außerdem sollen Willkür und Zufall ausgeschaltet und der Mitarbeiter vor allzu einseitigen, meistens nachteiligen Beurteilungen seiner Vorgesetzten geschützt werden. Die Beurteilung muß daher nach einheitlichen Maßstäben erfolgen, die nach den für die betriebliche Arbeit wesentlichen Merkmalen aufgegliedert sind. Während ein Vorgesetzter ein Pauschalurteil leicht abgeben kann, veranlaßt ihn eine systematische und gewissenhafte Beurteilung, über die Persönlichkeit des Mitarbeiters nachzudenken und seine Menschenkenntnis zu prüfen und zu erweitern. Er wird untersuchen, ob der Mitarbeiter den Anforderungen des Arbeitsplatzes genügt, ob er überfordert ist oder an einer anderen Stelle mehr zu leisten vermag. Da er nur so die Schwächen und Vorzüge seiner Mitarbeiter erkennt, vermag er die ihm anvertrauten Betriebsangehörigen auch in ihrem eigenen Interesse besser zu leiten und einzusetzen. Eine aussagefähige Beurteilung ist damit Grundlage für alle Entscheidungen im Rahmen des Personaleinsatzes, der Eingruppierung und der Gehaltsfestsetzung. Es gibt keine Gründe, die gegen eine solche systematische Mitarbeiterbeurteilung sprechen. Sicher wehren sich manche Vorgesetzte dagegen, weil sie einmal ihre Meinung über einen Untergebenen schriftlich fixieren müssen, zum anderen aber, weil sie sich scheuen, dem Mitarbeiter eine negative Beurteilung zu eröffnen. Auf der anderen Seite stehen auch manche Mitarbeiter und Betriebsräte der Beurteilung kritisch gegenüber. Sie sehen nicht, daß überall geurteilt, beurteilt und bewertet wird und daß es für sie nur von Vorteil ist, wenn dies bei einer für sie so wichtigen Frage, wie der Gehaltsbemessung, nach festgesetzten Maßstäben erfolgt. Aus den Erwartungen an die Beurteilung wird deutlich, daß eine faire Beurteilung zum Vorteil aller Beteiligten sein kann.

Wie wichtig der Zusammenhang zwischen Motivation und Leistung von allen Seiten gesehen wird, zeigten die Vorträge und Diskussionen während des 9. Analytik-Kongresses 1990 – Leistung im Wandel – Vergütung im Wandel –, an dem sich neben Gewerkschaftlern und Betriebsräten auch Vertreter der mittelständischen Wirtschaft beteiligten.[36]

6.2 Welche Systeme sind sinnvoll?

Die Vielfalt bewährter Systeme ist groß. Bei Behörden und manchen Großunternehmen werden häufig umfangreiche und komplizierte Systeme angewandt. Mittlere und kleinere Unternehmen bevorzugen einfachere Verfahren, die nicht zwischen Eignungs- und Leistungsbeurteilung unterscheiden.

In der betrieblichen Praxis haben sich die analytischen Verfahren durchgesetzt. Sie werden auf bestimmte Mitarbeitergruppen bezogen, was folgende Übersicht deutlich macht:

36 Die Beiträge zu diesem Kongreß sind abgedruckt in: PERSONAL 1990, S. 90 ff.; vgl. auch: Zander, E., Robejsek, P. (1990)

Abb. 19: **Beispiel für erweiterten Merkmalkatalog**

	Routinearbeit	Schwierige Arbeit ohne Führung	Führungstätigkeit
Leistung	Leistungsmenge Qualität	Zielerreichung quantitativ Zielerreichung qualitativ	Zielerreichung quantitativ Zielerreichung qualitativ
Verhalten	Verhalten in der Arbeitsgemeinschaft Verhalten gegen Außenstehende Einhalten von Vorschriften Umgang mit Sachwerten	Informationstätigkeit Delegationsbereich respektiert Verhalten gegen Außenstehende Befolgen von Weisungen Einsatz von Hilfsquellen	Informationstätigkeit Delegationsbereich respektiert Verhalten gegen Außenstehende Befolgen von Weisungen Budget einhalten Förderung von Mitarbeitern Beherrschung des Führungsprozesses
Einsetzbarkeit	Selbständigkeit Einsatzmöglichkeit	Erweiterung der Aufgaben Einsatzmöglichkeit Weiterbildung	Erweiterung der Aufgaben Einsatzmöglichkeit Weiterbildung

Während mit der Eignungsbeurteilung die Befähigung des Menschen und seine mögliche Entwicklung beurteilt wird, soll die Leistungsbeurteilung Aussagen über konkret erbrachte oder zumindest beobachtete Arbeitsergebnisse machen. Darum stehen Qualität und Quantität der Leistung im Vordergrund. Ziel der Leistungsbeurteilung ist die Steigerung der Leistungsfähigkeit und der Leistungsergebnisse. Verwandt wird die Leistungsbeurteilung u. a. zur Verbesserung der Entlohnungsgerechtigkeit, zur Stärkung der Führungsverantwortung der Vorgesetzten sowie als Kontrollmittel und um Hinweise auf eine notwendige Weiterbildung und zur Erzielung größerer Zufriedenheit am Arbeitsplatz zu erhalten. Während Merkmale wie Fertigkeit, Umsicht und Zuverlässigkeit vor allem in Eignungsbeurteilungssystemen zu finden sind, ist der Schwerpunkt beim Leistungsbeurteilungssystem Arbeitsmenge, Arbeitsqualität, Termineinhaltung usw. Da die Leistungsbeurteilung auch als Führungsinstrument dienen soll, muß die Beurteilung an den Anforderungen ausgerichtet sein[37]. Ein praktizierter Beurteilungsbogen ist in Abb. 20 wiedergegeben.

In der Praxis bilden die zahlreichen Zwischenformen um Eignungs- und Leistungsbeurteilung den Schwerpunkt. Einmal wollen die Verantwortli-

37 Vgl. Zander, E., Knebel, H. (1982), S. 61 ff.

Abb. 20: **Beurteilungsbogen**[38]

BEURTEILUNGSBOGEN ______________ Zeitraum

AUSSENDIENST

Name ______________ Personalnummer ______________

Verkaufsdirektion ______________ Verkaufsleitung ______________

Funktion ______________

Nr.	Merkmal	erfüllt die Anforderungen sehr gut	erfüllt die Anforderungen gut	erfüllt die Anforderungen	erfüllt die Anforderungen bedingt	ermahnt	verwarnt, abgemahnt
1	Fachliche Kenntnisse (Markt, Handel, Wettbewerb, Preise und Konditionen, Weiterbildung)						
2	Einfluß auf Kunden (Auftreten, Kontaktstärke, Argumentationstechnik, Durchsetzungsvermögen)						
3	Arbeitsmenge (Aktivitäten und deren Ergebnisse)						
4	Qualität der Arbeit (Wertigkeit der Ergebnisse, z. B. Distribution, Präsentation, ökonomische Planung)						
5	Arbeitsbereitschaft (Engagement bei Aufgabenerfüllung, Bereitschaft zur Übernahme von Sonderaufgaben)						
6	Zusammenarbeit (Kooperation mit VL, Team und GH-Reisenden)						
7	Administrative Aufgaben, Termineinhaltung						
8	Marktbeobachtung (Klares Erkennen und Berichten)						
9	Kostenbewußtsein, Pflege, Arbeitsmittel						

EIGNUNG FÜR GEGENWÄRTIGEN ARBEITSPLATZ ______________

Erfüllt die Anforderungen sehr gut –
erfüllt die Anforderungen gut –
erfüllt die Anforderungen –
erfüllt die Anforderungen bedingt.

(Zutreffendes bitte eintragen.)
Die Beurteilungsmerkmale mit den Ziffern ______________
haben für dieses Gesamturteil besonderes Gewicht.

BEMERKUNGEN BEURTEILER:

BEMERKUNGEN BEURTEILTER:

Datum ______________ Beurteilter (Kenntnis genommen) ______________ Beurteiler ______________

38 Vgl. Schwalbe, H., Zander, E. (1987), S.73

chen die verwaltungsmäßige Abwicklung minimieren, zum anderen aber oft die sehr schwierig darstellbare Leistungsbeurteilung mit der Eignungsbeurteilung verbinden.

So sind viele Beurteilungssysteme entstanden, die sich in der Praxis von kleineren Unternehmen bewährt haben.

Stellvertretend sei hier ein Beispiel einer Leistungsbeurteilung für Apotheken-Mitarbeiter wiedergegeben[39]:

Abb. 21: **Leistungsbeurteilung für Apothekenmitarbeiter**

Name: Zeitraum:

Beurteilungskriterien	*Bewertung (s. Katalog)*				
Arbeitsgüte	1	2	3	4	5
Arbeitsmenge/-tempo	1	2	3	4	5
Arbeitsbereitschaft	1	2	3	4	5

Summe der Punkte [ ]

Bemerkungen des Beurteilten:

Bemerkungen des Beurteilers:

Leistungszulage von DM ____________ ab ____________

39 Vgl Zander, E., Zander E. (1990)

Hinweise zum Beurteilungsbogen:

Arbeitsgüte

1 Gegenwärtige Arbeitsgüte entspricht nicht immer den Mindestanforderungen des Arbeitsplatzes. Infolge geringer Eignung oder fehlender Übung oder nicht abgeschlossener Einarbeitung ist die Fehlerzahl noch zu hoch.

2 Arbeitsgüte reicht aus. Erfüllt die Anforderungen des betreffenden Arbeitsplatzes. Behandelt seine Arbeiten noch zu oberflächlich. Fehlerzahl hält sich jedoch in vertretbarem Rahmen.

3 Erreicht eine gleichmäßig befriedigende, zum Teil gute Arbeitsqualität. Erfüllt also mehr als die Mindestanforderungen des betreffenden Arbeitsplatzes.

4 Arbeitsqualität ist bei angemessenem Zeitaufwand meist sehr gut. Es kommen sehr wenig Fehler vor. Ist bestrebt, diese Fehler selbst zu finden. Vorgesetzter kann den Mitarbeiter, soweit es die Tätigkeit überhaupt zuläßt, weitgehend selbständig arbeiten lassen.

5 Arbeitgüte ist hervorragend. Arbeitet – auf die Erfordernisse des Arbeitsplatzes bezogen – mit äußerster Sorgfalt, Zuverlässigkeit und Selbständigkeit bei einem angemessenen Zeitaufwand. Vorgesetzter kann sich immer darauf verlassen, daß bestmögliche Arbeit geleistet wird.

Arbeitsmenge/Arbeitstempo

Für die Beurteilung der Arbeitsmenge sind je nach Arbeitsplatz folgende Eigenschaften zu bewerten:

- Menge pro Zeiteinheit (bei sich wiederholenden Arbeiten),
- Zeitaufwand für einwandfrei erledigte Einzelaufträge,
- Stetigkeit der Ausdauer, Leistung,
- Belastbarkeit bei besonderen Anforderungen wie Arbeitsmenge unter Zeitdruck im Stoßgeschäft.

Unter Arbeitsmenge/Arbeitstempo wird also vor allem beurteilt, wieviel der Mitarbeiter in der Zeiteinheit arbeitet oder – anders betrachtet – welche Zeit er durchschnittlich für den einwandfrei erledigten Auftrag im

Vergleich zu seinen Kollegen benötigt, die entsprechende oder ähnliche Aufgaben haben.

Vor einem häufigen Fehler beim Beurteilen der Arbeitsmenge wird gewarnt! Fleiß und Aktivität eines Mitarbeiters sind noch keine Beweise für ein gutes Arbeitstempo und eine große Arbeitsmenge.

Bei der Beurteilung dieses Kriteriums darf man sich nicht allzusehr auf das Vorliegen dieser im allgemeinen sehr leicht festzustellenden Eigenschaften verlassen. Gefragt wird hier nach der Arbeitszeit für die einwandfreie Leistung, beurteilt nach der Zahl der Arbeitsverrichtungen.

Punkte Arbeitsmenge/Arbeitstempo

1	Arbeitet zu langsam oder zu umständlich. Mängel ergeben sich infolge geringer Eignung, fehlender Übung oder nicht ausreichender Ausbildung.
2	Erledigt die Arbeiten fast immer in einem vertretbaren Zeitaufwand und erfüllt bei einwandfreier Arbeitsgüte die Anforderungen hinsichtlich der an dem betreffenden Arbeitsplatz geforderten Mengenleistung. Mitarbeiter arbeitet langsam. Muß der Vorgesetzte Sonderaufträge vergeben, die besonders eilig sind, wird er lieber auf andere Mitarbeiter zurückgreifen.
3	Erfüllt seine Aufträge bei einwandfreier Arbeitsgüte meistens schnell und arbeitet in der Regel viel.
4	Erfüllt seine Aufträge bei einwandfreier Arbeitsqualität stets sehr schnell und arbeitet ständig sehr viel.
5	Arbeitsmenge und Arbeitstempo liegen bei einwandfreier Arbeitsgüte und bei vorbildlicher Arbeitseinteilung eindeutig an der Spitze, verglichen mit den anderen Mitarbeitern.

Arbeitsbereitschaft

Dieses Leistungsmerkmal wird, je nach Arbeitsplatz, bestimmt durch folgende Eigenschaften:

- Einsatzbereitschaft sowohl bei normalem Arbeitsablauf als auch im Stoßgeschäft und in Sonderfällen,

- Eigeninitiative,
- Weiterbildungsbemühen, z. B. Besuch von Vorträgen, Lesen der Fachzeitschriften, Lernbereitschaft,
- Bereitschaft, durch gute Zusammenarbeit die Leistung des gesamten Teams positiv zu beeinflussen,
- Verantwortungsbereitschaft, Ausschöpfen von Kompetenzen,
- Bereitschaft, gegebenenfalls auch unangenehme und unpopuläre Aufgaben zu übernehmen und durchzuführen.

Arbeitsbereitschaft

1	Mitarbeiter zeigt zu wenig Interesse und Leistungswillen.
2	Mitarbeiter setzt sich für seine Arbeit und das Unternehmen soweit ein, wie es für eine befriedigende Erledigung seiner Aufgaben erforderlich ist. Fügt sich in das Team ein. Sofern es sich um einen Arbeitsplatz handelt, der wachsende Kenntnisse erfordert: Bildet sich soweit fort, wie es für seine jetzigen Arbeiten unbedingt erforderlich ist und gefordert wird.
3	Mitarbeiter hat reges Interesse an seinem Arbeitsgebiet und setzt sich bereitwillig für das Unternehmen ein. Fügt sich in das Team ein.
4	Mitarbeiter ist an seinem Arbeitsgebiet sehr interessiert. Tritt durch Eigeninitiative sowohl beim betrieblichen Einsatz als auch – sofern es die Tätigkeit erfordert – bei seiner Weiterbildung hervor. Fügt sich in das Team ein.
5	Mitarbeiter ist an der Arbeit äußerst interessiert. Zeigt ein hohes Maß an Eigeninitiative sowohl beim Einsatz als auch – sofern es die Tätigkeit erfordert – bei seiner Weiterbildung, wie es nur selten an entsprechenden Arbeitsplätzen anzutreffen ist. Dem Mitarbeiter wird nichts zuviel. Fügt sich in das Team ein.

6.3 Welche Auswirkungen sind zu erwarten?

Für Mitarbeiter und Führungskräfte können die Auswirkungen sehr unterschiedlich sein.

Die Formulierung von Beurteilungskriterien, individuelle Leistungs- und Befähigungseinstufungen, die Besprechung der Beurteilungen und ihrer Auswirkungen auf Bezahlung und berufliche Entwicklung können beim Beurteilten weitgehende Veränderungen seiner Einstellung zur Leistung bewirken.

So hat jeder Mitarbeiter Vorstellungen darüber entwickelt, was ihm für seine Leistung sowohl an materiellen Bestätigungen, wie Bezahlung und Aufstieg, als auch an ideellen Belohnungen, wie Anerkennung und Möglichkeit zur Selbstverwirklichung, zustehe. Zufriedenheit und Leistungsstand in seinem Beruf hängen davon ab, wie durch die Beurteilung diesen Erwartungen entsprochen wird. Werden sie nicht bestätigt, können daraus verstärkte Abwehr jeder Kritik, abfallende Leistungen und Resignation resultieren.

Anerkennung individueller Leistungen übt in der Regel einen positiven Einfluß auf die Leistungsbereitschaft und Arbeitszufriedenheit der Mitarbeiter aus. Dies ist jedoch nur dann der Fall, wenn die Verfahren kritisch und glaubwürdig gehandhabt werden. Werden auch schwächere Leistungen positiv bewertet – eine Neigung mancher Vorgesetzter – verliert die Leistungsbewertung den angestrebten Einfluß auf die Arbeitsmotivation.

Die Arbeitsbereitschaft des einzelnen wird gestärkt, wenn er die Möglichkeiten, Anreize und Hilfen zur Steigerung seiner Leistungen, zur Übernahme anderer, auch höherwertiger Funktionen und zur Verbesserung seiner Bezahlung sieht. Die Arbeitsbereitschaft wird dagegen geschwächt, wenn der Mitarbeiter erkennt, daß seine Möglichkeiten zur Leistungssteigerung und Verbesserung seiner Position gering sind, weil er zu überdurchschnittlichen Leistungen nicht fähig ist. Jedes Verfahren der Beurteilung – insbesondere bei finanziellen Konsequenzen – führt zu einer Verstärkung des Wettbewerbs unter den Mitarbeitern und läßt auch Leistungsdruck entstehen. Erhöhter Leistungsdruck muß nicht in allen Fällen verbesserte Leistung bewirken (Überbeanspruchung). Auch Konkurrenzhaltung und Kommunikationsschwierigkeiten können als Folge eines überbetonten Karrieredenkens auftreten und zu einer Beeinträchtigung der Arbeitsergebnisse führen. Notwendig ist, die Leistungskriterien gleichzustellen und die Beurteilung individueller Leistungen offen zu besprechen. Von der Sachlichkeit und Gültigkeit der Vorgesetztenbeurteilungen hängt es dann ab, ob diese Strategien Vertrauen und Anerkennung finden.

Systematische Eignungs- und Leistungsbeurteilungen zwingen andererseits Führungskräfte zu einer intensiveren Auseinandersetzung mit den Leistungspotentialen ihrer Mitarbeiter.

Die Notwendigkeit, Urteile über Befähigung und Leistung schriftlich zu fixieren, sie mit anderen Führungsebenen abzustimmen und mit den Mitarbeitern zu besprechen, läßt Führungskräfte bzw. Vorgesetzte ihre subjektiven Bewertungsmaßstäbe vergleichen und vereinheitlichen. Dies ist wesentliche Voraussetzung für Personalentscheidungen und Planungsmaßnahmen wie Versetzungen, Beförderungen, Kündigungen , Bedarfs- und Weiterbildungsplanung. Die Aufgabe eines Vorgesetzten, Leistungen und Befähigungen seiner Mitarbeiter möglichst objektiv zu beurteilen, kann im Widerspruch zu anderen Interessen stehen. Der Vorgesetzte will ein vertrauensvolles Verhältnis zu Mitarbeitern aufrechterhalten und die Arbeitsbereitschaft und Leistungsmotivation dieser Mitarbeiter nicht gefährden. Er will hochqualifizierte und gut zu bewertende Mitarbeiter nicht durch Verbesserung ihrer Beförderungschancen verlieren, aber andererseits möglicherweise weniger qualifizierte Mitarbeiter an andere Abteilungen abgeben („wegloben") können und den eigenen Entscheidungsspielraum in Personalfragen nicht durch Fixierung und Darlegung des eigenen Urteils einengen. Schwache Vorgesetzte versuchen häufig, diesen Widerspruch durch positive Gefälligkeitsbeurteilungen oder durch nichtssagende Formulierungen zu entschärfen. Dem kann mit klaren Verfahrensregeln entgegengewirkt werden. Daneben müssen aber auch viele Führungskräfte mehr als bisher durch Aus- und Weiterbildung auf Menschenbeurteilung und psychologische Gesprächsführung systematisch vorbereitet werden. Ganz allgemein können Konflikte zwischen Vorgesetzten und Mitarbeitern, die aus unterschiedlichen Leistungserwartungen herrühren, durch die Beurteilung erheblich versachlicht und reduziert werden. Die Verfahren ermöglichen bessere Kommunikation zwischen Vorgesetzten und Mitarbeitern, wenn Unterschiede zwischen Selbsteinschätzung und Vorgesetztenurteil in einem offenen Gespräch abgebaut werden.

Zukünftig wird die Personalpolitik stärker als bisher eignungs- und leistungsgerecht erfolgen, d. h. daß Mitarbeiter nach ihren Leistungen und ihren Fähigkeiten, Fertigkeiten und Kenntnissen, Interessen und Motivationen solche Funktionen wahrnehmen werden, deren Anforderungen ihrer Befähigung entsprechen. Leistungen, die sie in diesen Funktionen erbringen, werden die wesentliche Grundlage für Anerkennung und zugleich für ihren weiteren Einsatz sein.

Schließlich sei noch darauf hingewiesen, daß Beurteilungen geeignete Grundlagen für ein qualifiziertes Zeugnis sein können, auf das der Mitarbeiter einen Anspruch hat.

6.4 Welche rechtlichen Gesichtspunkte sind zu beachten?

Das Betriebsverfassungsgesetz hat eine ganze Reihe rechtlicher Aspekte der Leistungsbeurteilung geregelt.[40] Allerdings entfällt danach auch eine Beteiligung des Betriebsrates bei der Beurteilung, wenn ohne eigentliches System, also ohne fixierte Grundsätze, nur von Fall zu Fall beurteilt wird.

Das Gesetz mag den einen oder anderen zu dieser über lange Zeit von vielen Seiten kritisierten Verfahrensweise geradezu ermuntern, weil die „systemlose" Beurteilung mitbestimmungsfrei vorgenommen werden kann. Es bedarf keines besonderen Hinweises, daß ein solches Ergebnis weder im Sinne einer zeitgemäßen Personalpolitik ist noch den Intentionen des Gesetzgebers entspricht.

Allgemeine Beurteilungsgrundsätze unterliegen der Mitbestimmung des Betriebsrates, soweit sie eingeführt werden[41]. Da die sachgerechte Ausgestaltung der Beurteilungsgrundsätze von erheblicher Bedeutung ist, gilt auch hier das notfalls über die Eignungsstelle durchsetzbare Mitbestimmungsrecht des Betriebsrates. Der Betriebsrat besitzt jedoch kein Initiativrecht zur Einführung einer systematischen Mitarbeiterbeurteilung, er kann also nur die Einführung eines von ihm nicht akzeptierten Beurteilungssystems verhindern, und zwar auch nur dann, wenn er hierfür sachgerechte Gründe hat.

Beurteilungssysteme mit finanziellen Auswirkungen sind – wie z. B. in der Metallindustrie, in der Brauwirtschaft – zumeist tarifvertraglich vereinbart. Durch den Tarifvertrag kann dann entweder ein Mitbestimmungsrecht des Betriebsrats bei der Leistungsbeurteilung begründet oder dieses Recht durch eine Öffnungsklausel an den Betriebsrat delegiert werden. In diesen Fällen bestimmt der Betriebsrat gemäß § 87 Abs. 1 Ziff. 11 BetrVG regelmäßig bei der Ermittlung der Leistungsstufen und deren Punktwert mit.

Kein Mitbestimmungsrecht hat dagegen der Betriebsrat bei der für den einzelnen Mitarbeiter abgegebenen konkreten Beurteilung. Die individuelle Beurteilung ist nämlich allein Sache des Arbeitgebers bzw. seines Vertreters und des Mitarbeiters. Der Mitarbeiter allerdings hat einen persönlichen Anspruch auf Beurteilung seiner Leistung sowie auf Erörterung seiner beruflichen Entwicklung im Betrieb[42]. Allerdings kann er nicht verlangen, nach einem bestimmten System oder überhaupt nach einem System beurteilt zu werden. Vielmehr muß er sich gegebenenfalls damit begnügen, nur

40 Vgl. Zander, E. (1977), Gr 5, S. 55 ff.
41 Vgl. § 94 Abs. 2 BefrVG
42 Vgl. § 82 Abs. 2 Satz 1 BetrVG

mündlich und vielleicht ausschließlich nach den Fähigkeiten seines Vorgesetzten entsprechend beurteilt zu werden. Seinem Anspruch ist ferner Genüge getan, wenn das Beurteilungsgespräch in angemessenen Zeitabständen stattfindet.

Wenn das Gesetz dem Mitarbeiter in § 82 Abs. 2 Satz 2 BetrVG das Recht einräumt, ein Mitglied des Betriebsrats zu diesem Gespräch hinzuziehen, so verleiht es dem Betriebsratsmitglied gleichsam den Status eines Beraters und Fürsprechers; er handelt dann gewissermaßen im Auftrage des Mitarbeiters, jedoch nicht als autonomes Betriebsverfassungsorgan. Deshalb darf der Betriebsrat dem Mitarbeiter nicht vorschreiben, welches seiner Mitglieder die Aufgabe übernimmt. Das Bestimmungsrecht steht ausschließlich dem Mitarbeiter zu. Das Betriebsratsmitglied hat über den Inhalt der Verhandlungen absolutes Stillschweigen zu bewahren, es sei denn, es ist vom Arbeitnehmer im Einzelfall ausdrücklich von dieser Verpflichtung entbunden worden[43]. Dieses Gebot gilt – abweichend von § 79 – auch gegenüber den anderen Betriebsratsmitgliedern. Selbstverständlich ist der Mitarbeiter aber auch berechtigt, das Beurteilungsgespräch unter vier Augen zu führen. In der Praxis ist dies sogar die Regel.

Die vorstehenden Grundsätze gelten entsprechend, wenn die Beurteilung schriftlich abgegeben wird. Auch in diesem Falle steht dem Betriebsrat weder ein Recht auf Mitwirkung noch auf Kenntnisnahme und auch nicht auf Gegenzeichnung zu. Der Mitarbeiter kann den Betriebsrat also in jeder Weise von der Information über seine Beurteilung ausschließen, und der Arbeitgeber ist verpflichtet, sich hieran zu halten. Gesichert wird diese Privatheit der Einzelbeurteilung von den ansonsten mit autonomen Rechten ausgestatteten Betriebsvertretungen im übrigen auch dadurch, daß der Betriebsrat die in der Personalakte des Mitarbeiters abgelegte Beurteilung ohne Willen und Wissen des Mitarbeiters nicht einsehen darf.

Zusammenfassend sei festgestellt:

- Es entspricht modernen Prinzipien der Personalführung, einheitliche Rahmensysteme zur Beurteilung von Arbeitern und Angestellen zu entwickeln. Das schließt Unterschiede nicht aus, wie sie sich z. B. aus den Besonderheiten einer Mitarbeitergruppe (AT-Angestellte, Auszubildende, Außendienstmitarbeiter) oder aus der Art des Arbeitsverhältnisses ergeben (Probezeitbeurteilungen).
- An der Aufstellung von Leistungsbeurteilungssystemen sollen Tarif- und Betriebspartner mitwirken. Ohne den Betriebsrat geht es ohnehin nicht;

43 Vgl. § 82 Abs. 2 Satz 3 BetrVG

das ergibt sich, wie bereits erwähnt, aus § 94 Abs. 2 BetrVG. Die Arbeitnehmervertretungen werden den Interessen der Mitarbeiter am besten gerecht, wenn sie die Einführung solcher Systeme tatkräftig fördern.

- Analytische Systeme sind summarischen Regelungen vorzuziehen. Denn eine freie und damit oft auch recht pauschale Beurteilung ist zu sehr von der subjektiven Formulierungskunst des Beurteilers abhängig. Analytische Leistungsbeurteilungen zwingen dagegen dazu, konkrete und differenzierte Leistungsvergleiche in der maßgebenden Mitarbeitergruppe anzustellen.

- Grundlage jeder aussagefähigen Leistungsbeurteilung ist ein anerkanntes und möglichst objektives Bezugssystem. Hierfür eignet sich z. B. eine Arbeitsbewertung. Sie garantiert am ehesten die Berücksichtigung unterschiedlicher Anforderungen an die Mitarbeiter auf den verschiedenen Arbeitsplätzen.

- Die Leistungsbeurteilung ist in periodischen Abständen zu wiederholen. Denn die Leistung des Mitarbeiters und die Anforderungen an ihn unterliegen Wandlungen.

- Für die Leistungsbeurteilung ist in erster Linie der unmittelbare Vorgesetzte zuständig, denn er verfügt über die erforderlichen objektiven Informationen; er kennt die Leistung seines Mitarbeiters am besten! Außerdem: Entzieht man dem unmittelbaren Vorgesetzten die Beurteilung, so wird er auch seine sonstigen Führungsaufgaben kaum ernst nehmen.

- Selbstverständlich müssen Beurteilungen mit den Beurteilten besprochen werden. Das Zeitalter von Geheim-Beurteilungen ist vorbei.

- Der Beurteilte muß die Beurteilung verstehen. Das System sollte daher möglichst einfach und einsehbar sein, denn überschaubare Systeme fördern Vertrauen. Schon manches Unternehmen mußte die Erfahrung machen, daß die Erhöhung der Zahl der Beurteilungsmerkmale keineswegs die Treffsicherheit steigert, sondern lediglich zu Doppelbewertungen führt. Auch zu komplizierte Gewichtungen mindern die Überschaubarkeit.

- Leistungsbeurteilungssysteme sind ergebnisbezogen. Es geht nicht um die Persönlichkeit des Mitarbeiters und um seine Motive, sondern um die Bewertung des von ihm in einem bestimmten Zeitraum erzielten Arbeitsergebnisses.

- Ein Beurteilungssystem ist so gut wie die Informationen über dieses System. Eine systematische und regelmäßig wiederholte Schulung der Beurteiler ist daher unerläßlich. Nur so sind die bei jedem System auftretenden Beurteilungsfehler zu minimieren.

- Mit einer Leistungsbeurteilung verknüpfte Leistungsanreize sollten nicht überzogen werden. Denn ein übersteigerter Leistungsdruck und der Wettbewerb um jeden Preis können und dürfen nicht Ziel einer Leistungsbeurteilung sein. Längst ist bekannt, daß hoher Leistungsdruck keineswegs zu besseren Arbeitsergebnissen führt. Bereichsegoismus und ungesunde Konkurrenzhaltung können die Folge sein. Leistungsanreize sollten daher wohldosiert sein.

7 Zusammenarbeit als Voraussetzung zum Erfolg

Konflikte gibt es überall. Selbst in asiatischen Ländern, in denen das Harmoniebedürfnis stärker ausgeprägt ist und das „Gesichtwahren“ eine große Rolle spielt, sind Konflikte häufig.

7.1 Wie entstehen Konflikte?

Es ist wohl in der Eigenart der mittelständischen Wirtschaft begründet, daß die Persönlichkeit des Chefs stark hervortritt und – zumindest in der Vergangenheit – ein autoritärer Führungsstil häufig vorkommt. Darin liegen vielfach die Ursachen für Konflikte. Oft zwangsläufig nimmt sich der Chef viel Zeit zum Erledigen der fachlichen Aufgaben und für persönliche Kundenbetreuung, vernachlässigt dadurch aber seine eigenen Mitarbeiter. Da viele Vorgesetzte die Neigung haben, sich alle wichtigen Entscheidungen selbst vorzubehalten, besteht wenig Delegationsbereitschaft. Wenn keine Ziele vorgegeben oder verabredet werden, leidet die Identifikation der Mitarbeiter, die dann meist durch Anweisung und Kontrolle geführt werden.

In den meisten Fällen investieren Klein- und Mittelbetriebe in ihre Mitarbeiter weniger Geld als Großbetriebe. Auch findet die Weiterbildung sehr häufig in der Freizeit statt. Da eine materielle Anerkennung vom Chef meist als Ausgabe eigenen Geldes gesehen wird, herrscht das Gebot der Sparsamkeit. Viele Chefs glauben auch, daß nur sie die guten Ideen haben, denn die Mannschaft habe nicht den „Durchblick“. Kritik – besonders von jungen Leuten – gilt oft als Anmaßung, besonders wenn das Betriebsklima nicht so gut ist.

Nach einer Untersuchung des RKW im Herbst 1987 kommen Klein- und Mittelbetriebe vor allem durch Managementfehler in Krisensituationen. Insbesondere sind zu geringe kaufmännische Kenntnisse, unzureichende Anpassung an Technologien und Märkte, mangelnde Fachkenntnisse und Personalprobleme die Ursache.

Nach einer 1988 durchgeführten Umfrage hielten die befragten Führungskräfte folgende Eigenschaften für einen erfolgreichen Vorgesetzten für besonders wichtig:

1. Persönliche Überzeugungskraft	82%
2. Delegationsbereitschaft	78%
3. Anerkennung erbrachter Leistungen	73%
4. Verantwortungsbereitschaft	70%

5.	Gerechte Beurteilung	68%
6.	Förderung der Zusammenarbeit zwischen Abteilungen	68%
7.	Förderung der Zusammenarbeit zwischen den Kollegen	67%
8.	Fachliche Qualifikation	50%
9.	Entrepreneur-Eigenschaften	47%
10.	Hilfsbereitschaft	31%

Wie häufig auch in mittelständischen Unternehmen im Sinne dieser Wunschvorstellungen geführt wird, beweist die Tatsache, daß viele, besonders junge Führungskräfte mittelständische Unternehmen bevorzugen. Nach einer anderen Umfrage[44] geben 72% der Führungskräfte kleinen bis mittleren Unternehmen den Vorzug. Danach erwarten Führungskräfte vom mittelständischen Unternehmen schnelle Entscheidungen, überschaubare Strukturen, verhältnismäßig große Entscheidungsfreiheit, hohe Verantwortung und rasche Aufstiegsmöglichkeiten mit breitem unternehmerischen Spielraum. Vorbehalte gegen mittelständische Familienunternehmen haben vor allem diejenigen, die keine eigenen Erfahrungen haben.

7.2 Wie sind Konflikte zu bewältigen?

Die Situation in den Betrieben ist gekennzeichnet durch das Aufeinandertreffen einander entgegengesetzter Interessen und Verhaltensweisen. Diese Konflikte zu analysieren und einer Lösung zuzuführen, ist Hauptaufgabe einer verantwortlichen Personalführung. Wo sich Konflikte nicht bewältigen lassen, muß ein Weg gefunden werden, damit zu leben. Konflikte sind nicht die Grenzsituationen des Menschen, sondern vielmehr die Grundsituation im Leben überhaupt. In diesem Sinne ist der Konflikt als Motor des Fortschritts anzusehen.

Neben unvermeidlichen, einander widersprechenden Ansichten im persönlichen Bereich geht es in den Betrieben im wesentlichen um Zielkonflikte. Diese ergeben sich – wie in fast allen sozialen Systemen – als Gegensätzlichkeit von Organisationszielen auf der einen und Ansprüchen der Mitglieder des Systems auf der anderen Seite. Erläuternd sei hierzu auf die folgenden Beispiele verwiesen:

- Mitarbeiter streben möglichst hohe Entgelte an. Unternehmensleitungen dagegen sehen auf die Begrenzung der Kosten, um die Voraussetzungen für das Erwirtschaften notwendiger Gewinne zu schaffen.

44 Vgl. Goslich, L. (1988)

- Die Mehrzahl der Mitarbeiter möchte bei der Arbeit mit möglichst wenig Anstrengung auskommen. Die Unternehmensleitung sieht die Möglichkeit zur Erhöhung der Produktivität in höherer Arbeitseffizienz, die häufig auch mit höherem Arbeitseinsatz einhergeht.

- Der Betriebsrat ist an der Erhaltung möglichst vieler Arbeitsplätze interessiert und will deshalb die bisherige Produktionsstruktur grundsätzlich erhalten. Die Unternehmensleitung demgegenüber versucht, durch den Einsatz schnellaufender Maschinen Rationalisierungseffekte zu bewirken.

- Gewerkschaften wollen durch möglichst wirkungsvolle Tarifabschlüsse die Erwartungen ihrer Mitglieder erfüllen. Arbeitgeberverbände dagegen versuchen, durch für die Unternehmen günstige Tarifabschlüsse die Wettbewerbsfähigkeit gegenüber ausländischen Konkurrenten zu erhalten.

Zielkonflikte – darum handelt es sich mehr oder weniger in allen hier genannten Fällen – sind meist nur lösbar, wenn beide Seiten zu Kompromissen bereit sind. Es geht darum, ein „Alles oder Nichts“ zu vermeiden. Beide Seiten müssen letztlich zu Zugeständnissen bereit sein.

Das gilt nicht zuletzt auch für die Personalführung. Hier geht es im besondern darum, Mitarbeitern Konflikte und ihre Überwindung einsehbar und verständlich zu machen und ihnen zu helfen, notwendige Kompromisse auch innerlich zu akzeptieren. Das werden sie nur dann, wenn sie einen solchen Kompromiß als fair ansehen.

Es ist nur konsequent, wenn die Forderung aufgestellt wird, demokratische Grundwerte müßten auch im Betrieb erlebbar sein. Damit stellt sich sogleich die Frage, wie weit die Demokratisierung in einer auf wirtschaftlichen Erfolg angewiesenen Organisation gehen kann. Welche Chancen und Risiken bringen die Mitbestimmungs- und Mitwirkungsrechte und -pflichten des Betriebsverfassungsgesetzes für die Praxis im Betrieb?

Natürlich hat der Wirkungsbereich des demokratischen Grundprinzips seine Grenzen. Bei weitem nicht in allen Bereichen könnten auf diese Weise Entscheidungen herbeigeführt werden.

Allerdings gibt es in vielen Betrieben mittlerweile kooperative Formen der Führung. Statt utopischer Experimente sollten Bestrebungen mit dem Ziel unterstützt werden, Entscheidungen auf die Ebenen zu verlagern, die aufgrund ihres Sachverstandes dafür als besonders geeignet erscheinen. Der Rahmen dafür wird durch Gewicht und generelle Gültigkeit möglicher Entscheidungen beeinflußt. Doch auch hier wird bei bestimmten Angelegenheiten ein „letztes Wort“ gesprochen werden müssen, das ausschließlich von der allerobersten Ebene kommen muß, nämlich den Eigentümern oder deren Beauftragten.

Wie also müssen Konflikte heute behandelt werden? Betriebsverfassungs- und Mitbestimmungsgesetz beinhalten verschiedene Formen zur Regelung von Konflikten.

Wir können jedoch über die Regelungen des Gesetzgebers hinaus einiges tun, um Konflikte zu lösen und in den Grenzen ablaufen zu lassen, die der Sache angemessen sind.

So wird z. B. in einem Konfliktregelungsmodell[45] die Ansicht vertreten, daß unter den heutigen Bedingungen im Arbeitsleben und in der Freizeit nicht der einzelne, sondern die Gruppe das stärkste Element sei. Konflikte können oft innerhalb der Gruppe von selbst geregelt werden. Das ist eine Chance der Selbstverwirklichung für den mündigen Bürger durch höchstmögliche Bereitschaft zur Übernahme von Rechten und Pflichten. Hinreichend entwickeltes Selbstwertgefühl bildet dazu eine ebenso gute Voraussetzung wie Verantwortungsübernahme. Der Weg zu einer Gesellschaft, in der Konflikte in autonomen Gruppen selbst bewältigt werden, ist sicher weit, niemand weiß jedoch, ob es nicht ein Irrweg ist.

Ein Weg zu einem solchen Idealzustand wird auch als Organisationsentwicklung bezeichnet. Dieser aus dem Amerikanischen kommende Begriff weist – leicht irreführend – auf einen Problemkreis hin, der im rein Organisatorischen vermutet werden kann.

Organisationsentwickung ist jedoch in Wahrheit ein neuer Weg zur Entwicklung von Organisationen, z. B. eines Industrieunternehmens, mit dem Ziel einer aktiven und flexiblen Anpassung an die Herausforderungen einer sich ständig wandelnden Umwelt. Es ist eine Entwicklung im Sinne höherer Wirksamkeit und größerer Befriedigung der beteiligten Menschen. Sie geht davon aus, daß Optimierung der Leistung und Humanisierung einander nicht ausschließen, sondern sich vielmehr wechselseitig bedingen und im engen Zusammenhang mit bestimmten – gegenwärtigen wie zukünftigen – Veränderungen des Gesamtumfeldes stehen.

Im Mittelpunkt solcher Organisationsentwicklungsprogramme stehen die am Arbeitsplatz beteiligten Menschen. Von den Problemen ihrer Zusam-

45 Vgl. Lauterburg, Ch. (1978)

menarbeit und ihrer Konflikte ausgehend, werden Änderungen in der Organisation vorgenommen, sofern dies notwendig ist.

Dies können aber nur Denkanstöße sein, mit denen sich alle Beteiligten auseinandersetzen sollten. Sie verlangen von uns allen, Überkommenes und in mancher Hinsicht Bewährtes zumindest in Frage zu stellen.

Ob der Konflikt, der daraus entsteht, den Sinn von „zusammenstoßen" oder den von „um des Gegensatzes willen zusammenhalten" bekommen wird, das liegt in entscheidender Weise bei den Sozialpartnern selbst.

7.3 Wie sieht die Zusammenarbeit mit den Arbeitnehmervertretern aus?

Nach der seit 1972 geltenden Fassung des Betriebsverfassungsgesetzes besteht „Betriebsratsfähigkeit", wenn in der Regel mindestens fünf ständige wahlberechtigte Arbeitnehmer, von denen drei wählbar sein müssen, vorhanden sind. Durch diese Regelung sind kleine Betriebe, in denen weniger Mitarbeiter beschäftigt sind, von der Betriebsverfassung ausgenommen.

Eine in solchen Kleinbetrieben evtl. auf freiwilliger Basis gebildete Arbeitnehmervertretung hat nicht die Stellung eines Betriebsrates; die Belegschaft kann also keine Kollektivvereinbarungen mit dem Arbeitgeber treffen.

Beim Feststellen der Mindestzahlen werden Teilzeitkräfte mitgezählt. Es ist also ohne Bedeutung, ob die Arbeitnehmer voll oder nur stundenweise beschäftigt werden. Maßgebend ist allein die Arbeitnehmereigenschaft und eine ständige, nicht also bloß vorübergehende Beschäftigung , z. B. als Aushilfe. Nach herrschender Meinung ist Arbeitnehmer, wer aufgrund eines Arbeitsvertrages – Schriftform ist nicht notwendig – im Dienste eines anderen fremdbestimmte Arbeit in persönlicher Abhängigkeit leistet.

Zu den Arbeitnehmern gehören auch die zu ihrer Berufsausbildung Beschäftigten: Lehrlinge (Auszubildende), Anlernlinge, Volontäre, Praktikanten. Dagegen zählen leitende Angestellte (§ 5 BetrVG) bei der Ermittlung der Zahl der Arbeitnehmer nicht mit.

Sinkt die Arbeitnehmerzahl nicht nur vorübergehend unter fünf ab, endet dadurch die Amtszeit des Betriebsrates.

Wahlberechtigt sind nach § 7 BetrVG alle Arbeitnehmer, die am Wahltag das 18. Lebensjahr vollendet haben.

Wählbar sind nach § 8 BetrVG die Wahlberechtigten, die sechs Monate dem Betrieb angehören. Nicht wählbar ist, wer infolge Richterspruchs die Fähigkeit nicht besitzt, Rechte aus öffentlichen Wahlen zu erlangen.

Der Betriebsrat besteht nach § 9 BetrVG in Betrieben mit in der Regel 5–20 wahlberechtigten Arbeitnehmern aus einer Person; er ist jedoch ein vollwertiger Betriebsrat und hat im wesentlichen die gleichen Rechte und Pflichten wie ein mehrgliedriger Betriebsrat.

Die gesetzliche Verpflichtung des Arbeitgebers, mindestens einmal im Vierteljahr über wirtschaftliche Angelegenheiten zu unterrichten, gilt nach § 110 BetrVG erst für Betriebe ab 21 wahlberechtigten ständigen Arbeitnehmern (mündliche Unterrichtung). Nach § 43 BetrVG hat aber auch der Leiter eines Kleinbetriebes (5 bis 20 Arbeitnehmer) die Verpflichtung, einmal im Jahr in einer Betriebsversammlung über die wirtschaftliche Lage zu berichten.

Wenn auch für den Kleinbetrieb (weniger als fünf wahlberechtigte Arbeitnehmer) das BetrVG nicht gilt, so besteht dennoch das Mitwirkungs- und Beschwerderecht (§§ 81–86 BetrVG) des einzelnen Arbeitnehmers in jedem Betrieb. Das gilt für die Unterrichtspflicht des Arbeitgebers gegenüber dem Arbeitnehmer genauso wie auch für das Recht des Arbeitnehmers zur Einsichtnahme in seine Personalakte.

Das schließt im übrigen alle sog. Individualrechte des Arbeitnehmers, die nicht ausschließlich im BetrVG begründet sind, ein; so gelten z. B. die Grundsätze des § 75 BetrVG über die Pflicht zur Gleichbehandlung der Mitarbeiter schon aufgrund des Artikels 3 GG für jedermann, nicht nur für Arbeitnehmer.

Die Mitbestimmung bei personellen Einzelmaßnahmen (§ 99 BetrVG) ist den Betriebsräten in Betrieben mit über 20 wahlberechtigten Arbeitnehmern vorbehalten. Dagegen gilt das Mitbestimmungsrecht bei Kündigungen (§ 102 BetrVG) für alle betriebsratsfähigen Betriebe.

Entscheidend ist aber – wie bei vielen personellen und führungstechnischen Maßnahmen – nicht das Erfüllen von Vorschriften, sondern die Haltung des Vorgesetzten. Führt er seine Mitarbeiter entsprechend, sind manche Probleme leichter zu lösen, und die Wirtschaftlichkeit kann sich – auch im Interesse der Mitarbeiter – bessern.

Das gilt besonders für die Arbeitnehmervertreter. Eine vertrauensvolle Zusammenarbeit auf beiden Seiten setzt entsprechende Kontakte voraus. Rechtzeitiges Einschalten des Betriebsrats kann helfen, Konflikte zu verhindern oder ganz zu vermeiden. Erfahrungsgemäß verhalten sich die meisten Mitarbeiter, Führungskräfte und Betriebsräte entsprechend dem Vertrauen, das ihnen entgegengebracht wird.

Die Betriebsleitung sollte in dieser Hinsicht nicht übervorsichtig sein; denn Fälle von Mißbrauch vertraulicher Informationen oder auch anderem betriebsschädlichen Verhalten sind sehr selten. Beispiele guter Zusmmenarbeit – natürlich zum Wohle des „Wahlvolkes", aber auch des Unternehmens – gibt es in großer Zahl. Verwundern darf nicht, daß sich ein Betriebsrat mehr für Arbeitsplatzsicherung und Arbeitsgestaltung einsetzt als für Leistungsentlohnung, denn er will wiedergewählt werden. Aber oft geben die Wähler auch dem Kandidaten ihre Stimme, der sich für nur kurzfristig unbeliebte, aber langfristig für Mitarbeiter und Unternehmen sinnvolle Maßnahmen einsetzt.

8 Information als Führungsmittel

8.1 Informationswünsche und -bedarf der Mitarbeiter

Historisch betrachtet, war in Wirtschafts- und Gewerbebetrieben früherer Jahrhunderte der Informationsaustausch zwischen Meister und Gesellen, Prinzipal und Gehilfen durch den ständigen unmittelbaren persönlichen Kontakt weitgehend gewährleistet. Die zunehmende Mechanisierung, mit ihr die Arbeitsteilung und zunehmende rationelle Gestaltung von Arbeitsabläufen, hat diese Möglichkeit enger Kommunikation reduziert.

Von den vielfältigen Veränderungen in Wirtschaft und Gesellschaft, die sich in diesem Jahrhundert vollzogen haben, wurde auch die Information der Mitarbeiter tiefgreifend berührt. Bei den Gründen und Zielen für die betriebliche Information stehen die Chancen zur Verbesserung der Führung, die Realisierung des Wunsches der Mitarbeiter nach besserer Information und nicht zuletzt die rechtliche Verpflichtung dazu an erster Stelle.

Auf den ersten Blick mag es scheinen, als stelle sich die Frage, ob Mitarbeiter in kleinen und mittleren Unternehmen richtig informiert werden, gar nicht. Der durch die Betriebsgröße engere Kontakt garantiert scheinbar ausreichende Information.

Die Wirklichkeit sieht anders aus. Das zeigen verschiedene Untersuchungen, etwa die des Bayerischen Staatsministeriums für Arbeits- und Sozialordnung. Danach hielten 70% aller Mitarbeiter in Unternehmen mit 100 bis 1000 Beschäftigten die Information durch ihre Vorgesetzten für unzureichend. Die Ergebnisse wiesen bei den befragten Unternehmen erstaunliche Ähnlichkeiten auf. Dagegen gab es Unterschiede bei den befragten Altersgruppen. Bei den über 50jährigen waren 20%, bei den unter 30jährigen 40% mit Art und Umfang ihrer Information unzufrieden.

Schlagzeilen wie „Information ist Zufall", „Informationsprobleme sind Führungsprobleme", oder „Der Chef muß unter Menschen" spiegeln trotz gelegentlicher Vereinfachung oder gewollter Übertreibung sehr vieles aus der Realität wider. Welche Bedeutung der Information beizumessen ist, weiß man aus vielfältiger eigener Erfahrung. Wohl jeder möchte über alle Geschehnisse, die ihn betreffen, informiert sein. Und wenn möglich, noch um einiges darüber hinaus. Demokratien sind erst dann wirklich funktionsfähig, wenn die Bürger über die Tätigkeit ihrer Regierung umfassend unterrichtet werden. Der Staat seinerseits muß den Willen seiner Bürger kennen.

In modernen Unternehmen ist die Situation vergleichbar. Mitarbeiter und Führungskräfte werden erst dann dazu bereit sein, sich für ihre Firma voll einzusetzen, wenn sie wissen, warum und wozu etwas geschieht, und wenn sie dabei die Möglichkeit haben, gehört zu werden. Die Bereitschaft, das eigene Unternehmen und dessen Vorhaben zu verstehen, ist um so größer, wenn darüber objektiv informiert wird.

Mann kann davon ausgehen, daß ein Zusammenhang zwischen Information und Arbeitsleistung besteht. Freilinger[46] hat das in einer sozialempirischen Untersuchung bestätigt gefunden. Danach gaben Mitarbeiter, die mit ihrem eigenen Informationsstand zufrieden waren, zu 68 % auch an, daß sie mit ihrer Arbeit voll zufrieden seien. Bei der schlechtinformierten Gruppe waren es nur 41 %. Die Informationswünsche hatten dabei diese Rangfolge:

1. Organisation und Personalbereich
2. In Planung befindliche neue Projekte
3. Geschäftspolitische Zielsetzungen
4. Die Marktsituation

In der betrieblichen Informationspolitik kann der Wunsch der Mitarbeiter nach bestimmten Informationen nicht der alleinige Maßstab sein. Zweifellos zu berücksichtigen ist der Bereich, der allgemein unter Betriebsklima verstanden und zusammengefaßt wird. Es gibt jedoch Grenzen der Information, die sowohl vom erforderlichen Aufwand her, aber auch unter dem Gesichtspunkt möglicherweise notwendiger Geheimhaltung bedacht werden müssen. In den meisten realen Fällen wird allerdings der mögliche Spielraum für die Information der Mitarbeiter noch nicht ausgeschöpft. In Einzelfällen kann das durchaus an dem begrenzten Vertrauen liegen, das dem einzelnen geschenkt wird.

Dem Vertrauen, das seitens der Unternehmensleitung dem Mitarbeiter entgegengebracht wird, muß das Verantwortungsbewußtsein bei der Verwertung der Informationen entsprechen. Nur so kann auf Dauer die Kommunikation für beide Teile erfolgreich sein.

Die innerbetriebliche Information der Mitarbeiter und deren gewählte Vertreter wird auch in Zukunft eine besondere Rolle spielen und viele Unternehmer veranlassen, ihre Informationspolitik zu überdenken. Das beginnt bei der Information über die wirtschaftliche Entwicklung des Unternehmens – die übrigens die Mitarbeiter viel stärker interessiert als allgemein angenommen wird – und umfaßt die ganz persönlich nutzbare Information über freiwerdende Stellen, die persönliche Beurteilung durch Vorgesetzte ebenso wie die Einsicht in die Personalakte.

---

46 Vgl. Freilinger, C. (1978), S. 25 f.

8.2 Umfang und Notwendigkeit der innerbetrieblichen Information

Vorgesetzte sollten ihre Mitarbeiter nicht nur anweisen und kontrollieren. Auch die Information ist eine Führungsaufgabe. Auf Dauer erfolgreiche Zusammenarbeit setzt – scheinbar selbstverständlich – voraus, jeden Mitarbeiter gründlich und mit dem nötigen Verständnis in seine Aufgaben einzuweisen und rechtzeitig über alle Veränderungen zu informieren, die ihn selbst oder sein Arbeitsgebiet betreffen. Das will auch das Betriebsverfassungsgesetz, in dem von der Unterrichtungspflicht des Arbeitgebers und vom Recht des Arbeitnehmers auf Anhörung und Erörterung gesprochen wird.[47] Vorgesetzte sollten deshalb ihren Mitarbeitern grundsätzlich die Informationen anbieten, die sie zum Verständnis größerer Zusammenhänge für sich selbst für notwendig halten. Sie sollten, im Rahmen des Möglichen und Vertretbaren, alle Auskünfte erteilen, um die sie Mitarbeiter aus erkennbarem Interesse an Unternehmen und Gemeinwohl bitten.

In den meisten Unternehmungen und Verwaltungen ist die arbeitsteilige Organisation so groß, daß ein bestimmtes Mindestmaß an Information ausgetauscht werden muß, weil nur so eine vernünftige Zusammenarbeit überhaupt möglich ist. Dazu gehören beispielsweise Informationen über Unternehmensziele, Entwicklungstendenzen, die Betriebsordnung, Organisationsrichtlinien, Sicherheitsvorschriften, Arbeitsanweisungen und Arbeitsberichte, Arbeitsunterlagen mit technischen und geschäftlichen Daten.

Selbstverständlich sollte jeder Mitarbeiter auch rechtzeitig von allen Veränderungen unterrichtet werden, die ihn selbst oder sein Arbeitsgebiet betreffen. Wenn Menschen mitdenken, selbständig handeln, andere beraten, unterstützen oder vertreten sollen, müssen sie zunächst einmal selbst ausreichend im Bilde sein. Ein Vorgesetzter kann von seinen Mitarbeitern Leistungswillen, Verantwortungsbereitschaft, Loyalität, Betriebstreue, Toleranz und Vertrauen kaum erwarten, wenn er sie nur als „Arbeitskräfte" oder „Untergebene" ansieht, ihre Persönlichkeit wenig achtet und ihnen gerade so viel mitteilt, wie arbeitsrechtlich unumgänglich ist.

Mitarbeiter sind im Betrieb in einem sozialen System tätig. Sie brauchen folglich Kontakt, um das menschliche Grundbedürfnis nach Information und Orientierung befriedigen zu können. Das Ausmaß, in dem das geschieht, bestimmt, ob in ökonomischer Hinsicht ihr Blickfeld verengt oder erweitert wird. Von der Information abgeschnitten zu sein, kann allzuleicht der Neigung Vorschub leisten, mit einem Mindestmaß an persönlichem Einsatz hohen materiellen Erfolg für sich erreichen zu wollen. Eine

47 Vgl. §§ 81 ff. BetrVG

solche Einstellung würde nicht nur auf das Unternehmen, sondern – würde sie zur vorherrschenden Verhaltensweise – auch auf Gesamtwirtschaft und Gesellschaft bedenkliche Auswirkungen zeigen[48].

Information als eine der wichtigen Führungsaufgaben muß darauf abzielen, die notwendigen und wünschenswerten Kenntnisse zu vermitteln, um so das Verständnis für innerbetriebliche und überbetriebliche Zusammenhänge zu wecken und damit zugleich Willen und Bereitschaft zur Zusammenarbeit zu stärken. Sie soll Fehlhandlungen, Minderleistungen, Gerüchten, Störungen und Spannungen aller Art vorbeugen. Führungskraft sein heißt heute, ein guter „Kommunikator“ zu sein.

In diesem Sinne erscheint es besonders wichtig, über Ziele der Unternehmenspolitik Bescheid zu wissen, sie anzuerkennen und den Mitarbeitern gegenüber überzeugend vertreten zu können. Die Führungskraft sollte die Interessen ihrer Mitarbeiter kennen und sich ihnen, ihrer Persönlichkeit entsprechend, zuwenden; wo größere Gruppen das erschweren, sollte zumindest die Bereitschaft dazu bekannt sein. Im Sinne der Führung nach oben bedeutet das zu wissen, was der direkte Vorgesetzte tut, äußert und denkt. Für viele Mitarbeiter ist das maßgebend und die Beziehung des Mitarbeiters zu den Vorgesetzten ist für die Art und die Färbung der Kommunikation in einem Betrieb das Entscheidende. Das gilt auf allen Führungsstufen.

Es geht allerdings nicht darum, möglichst viele Informationen auszutauschen. Niemand wird mit einem Zuviel an Mitteilungen geholfen. Eine Überfülle, die nicht zu bewältigen ist, in der wirklich Wichtiges untergeht oder an der der Empfänger überhaupt nicht interessiert ist, dient niemandem. Daher sollten die Mitarbeiter „gezielt“ informiert werden, d. h. rechtzeitig, ausreichend und verständlich.

Es genügt dabei nicht, den Austausch von Informationen lediglich zu organisieren und technisch zu ermöglichen. Führungskräfte müssen im Rahmen ihrer Personalführungsaufgabe aus eigener Einsicht bereit sein, durch offene und vertrauensvolle Information Mißtrauen, Eigensucht, Hemmungen oder Gleichgültigkeit entgegenzuwirken.

Vielen Mitarbeitern geht es heute – neben der materiellen Existenzsicherung – immer mehr um die Anerkennung ihrer eigenen Persönlichkeit. Eine Anerkennung, die nicht in Geld ausgedrückt werden kann. Dazu gehört eine gute Zusammenarbeit und das Respektieren der Mitarbeiter. Es schließt die entsprechende Unterrichtung über das Betriebsgeschehen und

48 Vgl. Lüders, P.-J. (1973), S. 128 ff.

die weitgehende Möglichkeit von Mitsprache und Mitwirkung aller am Arbeitsprozeß Beteiligten ein.

Natürlich kann menschengerechtes Führen durch keine noch so gute und richtige Informationstechnik ersetzt werden. Selbst wenn die vollständige Programmierung und Mechanisierung aller im Unternehmen auftretenden Informations- und Kommunikationsformen realisierbar wäre, ist dennoch die totale Automatisierung der Organisation – und die theoretisch damit verbundene Ausschaltung des Menschen aus dem Wirtschaftsprozeß – nicht vorstellbar.

8.3 Anforderungen an ein betriebliches Informationssystem

In den meisten Unternehmen hat sich in der Vergangenheit auf dem Sektor der innerbetrieblichen Information ein regelrechter Wildwuchs entwickelt. Eine sehr umfangreiche und differenzierte Befragungsaktion hat folgendes Bild ergeben:[49]

An wen muß man sich wenden, wenn man das Neueste erfahren will?

	Gewerbl. AN in Prozent	Angestellte in Prozent
direkter Vorgesetzter	34	47
übergeordneter Vorgesetzter, Geschäftsleitung	9	11
Kollegen	8	19
Betriebsrat	42	17
Informationsabteilung	2	7
informelle Quellen (Putzfrau, Gerüchte)	5	10
sonstige	15	18
weiß nicht	10	8

Und warum würden Sie sich gerade an diese Person wenden?

	Gewerbl. AN in Prozent	Angestellte in Prozent
Zuständigkeit, Dienstweg, Instanzenweg	40	29
Vertrauen zu dem Betreffenden „mit dem kann man reden“	34	44
Einfluß des Betreffenden, Beziehungen lassen Erfolg erwarten	10	8

49 Vgl. Zander, E. (1981), S. 23 f.

	Gewerbl. AN in Prozent	Angestellte in Prozent
kenne ich persönlich am besten	13	12
weiß am besten Bescheid, hat Erfahrung	12	7
sonstige Gründe	–	1
weiß nicht	12	17

Von wem erfahren Sie eigentlich all das, was für Sie wichtig ist?

	Gewerb. AN	Angestellte
Vorgesetzte	58	67
Mitarbeiterzeitschriften	45	39
aktueller Sonderdienst	11	19
Betriebsrat	28	10
Betriebsversammlung	9	3
Rundschreiben	12	32
Kollegen aus eigener oder fremder Abteilung	17	22
informelle Quellen u.ä. (Gerüchte, Zufall)	5	8
sonstige Quellen	1	18
weiß nicht	1	–

Die Informationen lassen sich – gleich, ob die Empfänger Führungskräfte oder Mitarbeiter sind – in drei Arten gliedern:

a) Mitteilungen, die unbedingt zur Arbeit gebraucht werden;
b) Mittelungen, die die Empfänger erhalten sollten;
c) Mitteilungen, die von Informationswünschen der Adressaten ausgehen.

a) Beginnen wir mit den besonders wichtigen Informationen und notwendigen Instruktionen.

Dazu gehören vor allem Vorschriften und Verordnungen, die jeder einzelne erhalten muß, beispielsweise Informationen über Arbeitszeit, Unfallverhütung und betriebliche Vereinbarungen. Es sind alle für die Ausführung der Arbeit notwendigen Angaben, nicht nur Richtlinien, sondern auch Erklärungen, warum die Arbeit in einer bestimmten Form ausgeführt werden muß. Mit hinreichender Begründung von Vorschriften wird die Bereitschaft zu guter Arbeitsleistung gefördert. Besonders wichtig ist es dabei, Änderungen, die die Arbeitsplätze betreffen, rechtzeitig den Mitarbeitern bekanntzugeben. Maßnahmen, die nicht durch eine entsprechende Information vorbereitet worden sind, bekommen für die Mitarbeiter allzuleicht den Anschein von Nacht-und-Nebel-Aktionen. Vermindertes Vertrauen in die Unternehmensleitung und wachsendes Mißtrauen gegenüber den Vorgesetzten können allzuleicht die Folge sein.

Wichtiges erreicht den Mitarbeiter auf sehr verschiedenen Wegen. Schwarze Bretter, Informationstafeln oder Schaukästen sind traditionelle

Medien betrieblicher Information. Rundschreiben oder Merkblätter gehören ebenso zu den besonderen gebräuchlichen Informationsformen. Von einer bestimmten Betriebsgröße an kann es sinnvoll sein, an Führungskräfte Betriebshandbücher oder Kenntnisse herauszugeben. In Form von Loseblattsammlungen haben sie den Vorteil der technisch leichten Ergänzung, bedingen zugleich aber einen funktionierenden Änderungsdienst.

Hauptaufgabe und Hauptlast der Information verbleibt – unbeschadet anderer möglicher Wege – beim Vorgesetzten. Stoppt von dort der unmittelbare Informationsfluß an die Mitarbeiter, ist der Schaden oft schwer zu reparieren. Moderne Führungssysteme und -leitlinien geben daher der Pflicht des Vorgesetzten zur Information besonderes Gewicht. Hinzu kommt die durch Gesetz vorgeschriebene Information der Arbeitnehmervertretungen. Das Betriebsverfassungsgesetz sieht Besprechungen zwischen Arbeitgeber und Betriebsrat ausdrücklich vor. Im Wirtschaftsausschuß haben die Arbeitnehmervertreter Anspruch auf Unterrichtung über wirtschaftliche Angelegenheiten des Unternehmens. Die Mitbestimmungsrechte des Betriebsrats bei Neueinstellungen, personellen Veränderungen und Kündigungen setzen eine entsprechende vorherige Unterrichtung voraus.

b) Informationen können wünschenswert sein, obwohl sie nicht unmittelbar die Arbeit betreffen. Kenntnis von den Geschäftsergebnissen und Entwicklungstendenzen eines Unternehmens sollten, ebenso wie generelle volkswirtschaftliche Zusammenhänge, bekannt sein. Interessierte Betriebsangehörige möchten über wichtige Daten, die Produkte, Betriebsgröße oder Organisation betreffen, Bescheid wissen. Von solchen Kenntnissen ausgehend, können sie Außenstehenden Auskunft über ihr Unternehmen geben und auf diese Weise für das Ansehen oder auch die Erzeugnisse des Unternehmens werben. Es gibt Unternehmen, in denen bestimmte Personengruppen besonders umfangreicher Information bedürfen, weil sie beruflich viele Kontakte zu Außenstehenden haben. Kunden oder Besucher sind dabei nur zwei der allgemein vorstellbaren Personengruppen.

Ein möglicher Weg, einer größeren Gruppe von Interessenten – innerhalb und außerhalb des Unternehmens – Hinweise zu geben, sind Werks- oder Mitarbeiterzeitschriften und Betriebsbesichtigungen. Beim Mitarbeiter wird damit das Zugehörigkeitsgefühl und ein über den eigentlichen Arbeitsplatz hinausgehendes Interesse an seinem Betrieb gestärkt.

c) Wünsche der Mitarbeiter nach der aus ihrer Sicht vollständigen Information werden sich in unbegrenztem Umfang kaum befriedigen lassen. In der Wirklichkeit wird aber auch der erfüllbare Teil nicht immer hinreichend beachtet. Personelle Nachrichten – etwa Jubiläen oder Beförderungen ebenso wie Eintritt oder Ausscheiden aus dem Unternehmen – finden weitgestreutes Interesse.

Besonders geeignet für den Informationsfluß dieser Art ist die Mitarbeiterzeitschrift. Das Spektrum der Werkszeitschriften in der Bundesrepublik zeigt nicht nur solche von Großunternehmen. Es gibt auch Mittelbetriebe, die dieses Informationsmedium nutzen. Der dafür jeweils erforderliche Aufwand ist durch die Wahl der einzusetzenden Mittel durchaus steuerbar. Es muß nicht unbedingt eine mit Berufsjournalisten besetzte Redaktion sein, die in zeitlich kurzen Abständen eine Zeitschrift auflegt, die auch noch dem Vergleich mit Tageszeiten, Illustrierten oder Magazinen standhält. Wenn die Umstände es nicht mehr erlauben, kann auch das im eigenen Betrieb verfaßte Schreibmaschinenmanuskript nach Vervielfältigung über die hauseigene Anlage an die Mitarbeiter verteilt werden. Dies gilt auch für Bedingungen von Tarifverträgen oder Betriebsvereinbarungen. Die Möglichkeit der Aussprache in größerem Rahmen bieten Belegschaftsversammlungen.

Besondere Bedeutung aber wird immer das individuelle Gespräch zwischen dem Mitarbeiter und seinem Vorgesetzten haben. Dazu gehört auch das Informationsgespräch. Daß dabei auch – beispielsweise in einem Beurteilungsgespräch – gegensätzliche Auffassungen zutage treten, dürfte sich letztlich als Gewinn erweisen. Und wenn in zunehmendem Maße – besonders auch bei jüngeren Mitabeitern – die Bereitschaft stärker geworden ist, Konflikte im Gespräch auszutragen, so kann das nur Anlaß sein, bewußter als bisher darauf einzugehen. In solchem Gespräch – Beurteilungen oder Erörterungen von Arbeitsentgelten enthalten nun einmal leicht Konfliktstoff – ist der faire Meinungsaustausch besonders wichtig.

Es entspricht den Grundsätzen moderner Mitarbeiterführung, wenn der Vorgesetzte nach der Darstellung des Problems aus seiner Sicht, den Mitarbeiter um seine Stellungnahme zu dieser Frage auffordert. Ob noch weitere Informationen zum Verständnis des Gesamtzusammenhanges notwendig sind, müßten dabei sichtbar werden.

Einen wesentlichen Teil des Gesprächs bestimmt die Erörterung der Möglichkeiten, aufgetretene Probleme zu lösen. Grundsätzlich ist es dabei immer lohnend, den Mitarbeiter zu eigenen Vorschlägen zu ermuntern. Wenn sein eigenes Verhalten dabei eine besondere Rolle spielt, so hat er Anspruch darauf, dieses Verhalten zu erklären und zu vertreten. Bei der Verabredung gemeinsamer Wege zur Lösung möglicher Probleme sollte nicht vergessen werden, die zügige Abwicklung durch Vereinbarung fester Termine abzusichern.

Bei allem wird es immer darauf ankommen, inwieweit es den Beteiligten gelingt, die oben skizzierten Empfehlungen und Anregungen nicht bloß formal zu realisieren. Entscheidend bei jeder Form des Informationsaustausches wird der Geist sein, in dem das geschieht. Die Einheit von Ausgesprochenem und stillschweigend Empfundenem wird den Wert der Information wesentlich mitbestimmen.

8.4 Information als Führungsvoraussetzung

Selbst wenn in einem Unternehmen im Rahmen eines Führungssystems[50] die Information von „unten nach oben" einigermaßen funktioniert und durch die aufgeschlossene Haltung der Führungskräfte und die gute Zusammenarbeit mit den Arbeitnehmervertretern Mißstände frühzeitig erkannt werden, ist es nicht immer sicher, daß ein Unternehmen dadurch hinreichende Unterlagen zum Erkennen von Tendenzen und zur Kontrolle der eigenen Politik besitzt. Aus diesem Grunde sind Betriebsumfragen in gewissen Abständen zu empfehlen. Verbunden mit anderen Fragen, die sich auf Kunden oder auf die Öffentlichkeit beziehen, werden sie sich immer bezahlt machen. Darüber hinaus – und das dürfte besonders in der nächsten Zukunft wichtig sein – erfüllen sie auch die immer stärker gestellte Forderung der Mitarbeiter, nicht nur auf formellem Wege, sondern auch als einzelner gehört zu werden. Dabei kann eine Betriebsumfrage den Mitarbeitern, aber auch dem Unternehmen, sehr wirksam helfen.

Gelegentlich wird die Meinung vertreten, Mitarbeiterbefragungen ließen erst Probleme entstehen.

Der Trugschluß bei der Entscheidung, Meinungsumfragen nicht zu veranstalten, um „schlafende Hunde schlafen zu lassen", besteht nach Meinung von Gellermann[51] darin, daß die „Hunde" nie richtig schlafen, sondern daß vielmehr die Unternehmensleitung schläft. Sie darf nicht annehmen, daß unergründete Probleme, wenn man sie nur lange ignoriert, sich in Luft auflösen. Es stimmt zwar, daß eine Meinungsumfrage zur Zeit einer ernsthaften Störung der Arbeitsmoral unangebracht ist. Doch gilt dies vor allem deshalb, weil die Ergebnisse wahrscheinlich nicht zuverlässig sind, und nicht, weil die Umfrage die Arbeitsmoral negativ beeinflussen könnte. Die für das Betriebsklima wichtigen Bestimmungsgründe verändern sich aufgrund von Kräften, die sehr viel elementarer sind als der mögliche Einfluß durch eine Meinungsumfrage; daher ist der Entschluß, keine Umfrage

50 Vgl. zu Führungssystemen: Knebel, H., Zander, E. (1987)
51 Vgl. Gellermann, S. W. (1972)

durchzuführen, um ja nicht moralische Probleme heraufzubeschwören, gleichbedeutend mit dem Blindflug eines Piloten, in der Hoffnung, dadurch das Heraufziehen eines Sturmes zu vermeiden. Natürlich können manchmal durch eine Befragung Randprobleme überbewertet und in den Vordergrund gebracht werden. Das muß vor allen Dingen bei der zu empfehlenden Veröffentlichung von Befragungsergebnissen berücksichtigt werden.

Der folgende Fragenkatalog, zusammengestellt aus verschiedenen Betriebsumfragen der letzten Jahre in deutschen Unternehmen, soll beispielhaft zeigen, mit welchen Schwerpunkten die Fragen jeweils gestellt worden sind:

- Wie beurteilen Sie die Art, in der Sie seinerzeit als neuer Mitarbeiter eingearbeitet worden sind?
- Wie beurteilen Sie das Verhältnis Ihrer Kollegen untereinander?
- Wie beurteilen Sie das fachliche Können Ihrer Vorgesetzten?
- Werden in Ihren Abteilungen gute Leistungen anerkannt?
- Wenn Sie bei Ihrer Arbeit Anweisungen bekommen, die Sie nicht für richtig halten, hat es dann Sinn, eigene Vorschläge zu machen?
- Wie beurteilen Sie die Kontrolle durch Ihren Vorgesetzten?
- An wen würden Sie sich in Ihrer Firma mit persönlichen Anliegen wenden?
- Fühlen Sie sich durch Ihren Vorgesetzten richtig beurteilt?
- Was halten Sie von dem System, nach dem Leistungszulagen vergeben werden?
- Haben Sie den Eindruck, daß in der Firma gerechte Löhne und Gehälter gezahlt werden?
- Würden Sie eine andere Lohnform vorziehen?
- Wie werden Sie über wirtschaftliche Vorgänge im Unternehmen informiert?
- Was halten Sie von der Mitarbeiterzeitschrift?
- Von wem erfahren Sie, was wichtig ist?

- Wie beurteilen Sie die Möglichkeiten, persönlich bei den für Ihren Arbeitsplatz wichtigen Entscheidungen mitzuwirken?
- Glauben Sie, daß Sie Aussicht haben, im Unternehmen weiterzukommen?
- Bietet das Unternehmen genug Weiterbildungsmöglichkeiten?
- Halten Sie es für wichtig, daß man sich ständig weiterbilden soll?
- Welche Erfahrungen haben Sie mit innerbetrieblichen Stellenausschreibungen gemacht?
- Welche Sozialleistungen können Ihrer Meinung nach wegfallen, welche müßten dafür verbessert werden?
- Wie finden Sie das Kantinenessen?
- Wie beurteilen Sie die Maßnahmen zur Arbeitssicherheit?
- Wenn Sie Ihren Arbeitgeber wechseln würden, was müßte bei dem neuen besser sein?
- Wie beurteilen die Kunden – nach Ihrer Ansicht – die Preispolitik Ihres Unternehmens?
- Halten Sie Ihr Unternehmen für technisch fortschrittlich?
- Herrscht in Ihrem Unternehmen ein ausgeprägtes Kostenbewußtsein?
- Wird das Unternehmen dynamisch geführt?
- Halten Sie Werbung und Marketing Ihres Unternehmens für gut?
- Wird nach Ansicht der Mitarbeiter im Unternehmen bürokratisch verfahren?
- Lohnt sich das Verbesserungsvorschlagswesen für Unternehmen und Mitarbeiter?

Das Gesamtergebnis einer solchen Mitarbeiterbefragung könnte, graphisch sehr anschaulich in einem Polaritätsgitter dargestellt, folgendes Bild zeigen (Abb. 22)[52]:

Mit Hilfe der Ergebnisse läßt sich nun relativ leicht feststellen, was hinsichtlich der Personalführung in der Vergangenheit richtig oder falsch gemacht wurde und wo die Schwerpunkte für die künftige Arbeit zu sehen sind.

52 Vgl. Töpfer, A., Zander, E. (1985), S. 162

Abb. 22: Ergebnis einer Mitarbeiterbefragung

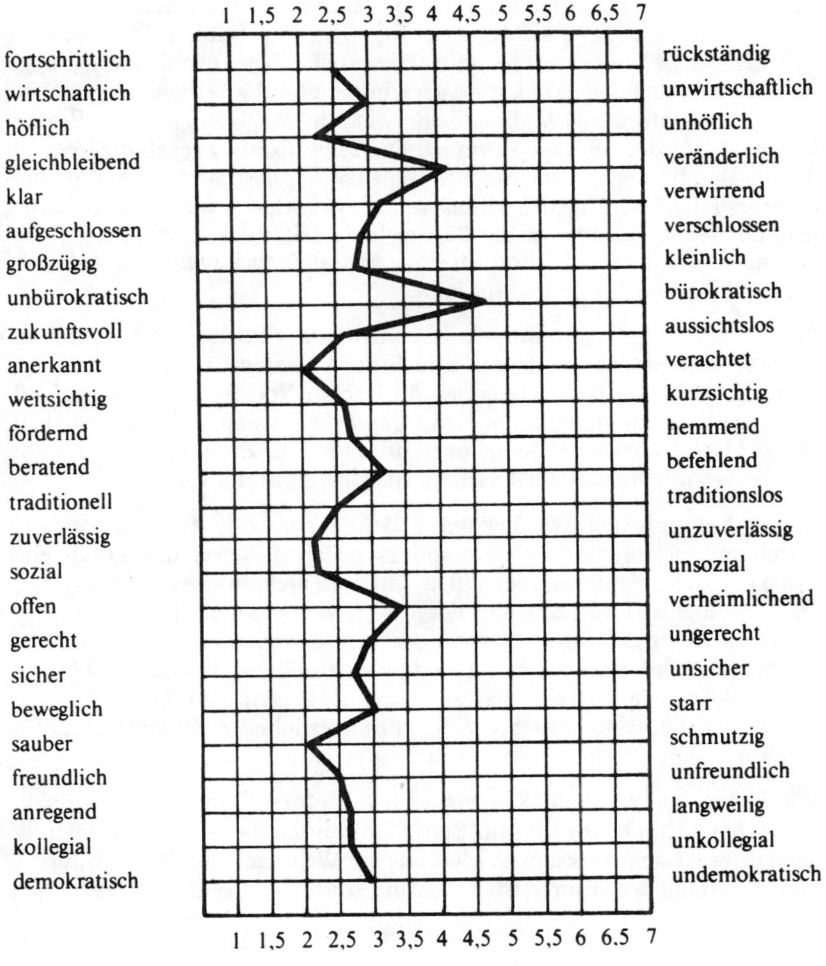

8.5 Wie lassen sich Besprechungen sinnvoll durchführen?

Zum Beispiel allgemeiner Information gehören auch bestimmte Formen von Besprechungen. Für deren erfolgreichen Verlauf sollten gewisse Grundvoraussetzungen erfüllt sein. Diese betreffen sowohl Bedingungen wie den Besprechungsraum, die Sitzordnung und die Teilnehmerzahl[53] als auch organisatorische Maßnahmen, wie die Festlegung eines Besprechungsplans oder der Tagesordnung. Die Tagesordnung regelt die Verständigung der Teilnehmer miteinander hinsichtlich bestimmter Abläufe, einführender Erläuterungen und zusammenfassender Abschlüsse. Naturgemäß können Art und Weise der Besprechungsleitung wesentlichen Einfluß auf die Bereitschaft der Teilnehmer zur Mitarbeit wie auch auf das Ergebnis der Besprechung überhaupt haben.

Es gibt zahlreiche – und meist wiederkehrende – Fehler, die Besprechungen und Konferenzen in Ablauf und Ergebnis hemmen. Dazu gehören in erster Linie: ungenaue Zielsetzung, dozierende Vorträge, Monologe, Mißachtung von Zeitplänen, autoritäre Gesprächsführung, Disziplinlosigkeit, fehlende Aktivierung der Teilnehmer, ungenügende Zusammenfassung von Ergebnissen, fehlende Hinweise zur Umsetzung in die Praxis.

In der betrieblichen Wirklichkeit bedeutet sinnvolle Information eine Mischung verschiedener Gesichtspunkte. Daß mitunter der Zufall eine Rolle spielt, ist nicht auszuschließen und muß nicht immer nachteilig sein. Dazu ist noch anzumerken, daß Vorgesetzte sich nicht auf Informationssysteme und formale Unterrichtung beschränken sollten, sondern durch ihr eigenes Verhalten gute Kontakte zu den Mitarbeitern begünstigen können. Dazu gehört beispielsweise die Teilnahme am gemeinschaftlichen Essen in Kantine oder Kasino ebenso wie die grundsätzliche Bereitschaft zur „offenen Tür".

Wie wichtig eine sinnvolle Kombination der Informationswege ist, zeigt die folgende Untersuchung. In fünf Betrieben wurden die Mitarbeiter über die nach ihrer Ansicht wirksamste Methode zur Weitergabe wichtiger Informationen befragt. Nach ihrer Einschätzung ergibt sich folgende Rangreihe:

1. mündliche und schriftliche Unterrichtung (77,0%)
2. nur mündliche Unterrichtung (61,7%)
3. nur schriftliche Unterrichtung (49,1%)
4. Anschlag am schwarzen Brett (37,2%)
5. inoffizielle Informationen und Gerüchte (35,6%)

53 Vgl. Zander, E. (1982), S. 75 ff.

Dieses Ergebnis zeigt die unterschiedliche Gewichtung der jeweiligen Informationswege und unterstreicht die Bedeutung ihrer Kombination. Das klingt zwar unkompliziert, ist aber nicht immer einfach in die Tat umzusetzen. Außerdem ist zu ersehen, daß die mündliche Unterrichtung, zum Teil ergänzt durch schriftliche Unterlagen, von den Mitarbeitern als sehr wichtig empfunden wird. Deshalb kommt in der Praxis dem Mitarbeitergespräch besondere Bedeutung zu.

Für den erfolgreichen Verlauf von Mitarbeitergesprächen sollten gewisse Grundvoraussetzungen erfüllt sein. Es läßt sich nämlich nicht verheimlichen, daß viele Führungskräfte Mitarbeiterbesprechungen scheuen. Genauso scheuen aber auch die Mitarbeiter derartige Zusammenkünfte. Nicht selten werden Ausdrücke wie „Befehlsempfang, Quatschbude, Morgenandacht" etc. verwendet. Stellt man sich dieser Kritik nicht, dann erweisen sich derartige Besprechungen tatsächlich als überflüssig. Diese Meinung wird ohnehin von meist autoritären Vorgesetzten vertreten.

Der Begriff Mitarbeiterbesprechung verdient jedoch häufig den Namen nicht. Schnell werden Gesprächsrunden zusammengetrommelt, und nach dem Motto: „Alle mal herhören!" werden Befehle verteilt.

Die Wirkung derartiger Gespräche läßt sich leicht abschätzen. Wie sollen aber nun Besprechungen idealerweise ablaufen? Zunächst einmal unterscheiden wir zwischen der Mitarbeiterbesprechung und dem Mitarbeitergespräch. Die Mitarbeiterbesprechung besteht aus einer Diskussion des Vorgesetzten mit mehreren seiner Mitarbeiter. Das Mitarbeitergespräch findet unter vier Augen zwischen Mitarbeiter und Vorgesetzten statt.

Die Mitarbeiterbesprechung ist als eine Einrichtung anzusehen, die der im Rahmen des Betriebszweckes erforderlichen innerbetrieblichen Kommunikation im jeweiligen Führungsbereich dient. Damit ist natürlich auch gleich etwas über die Zusammensetzung der Teilnehmer gesagt. In der Regel sind es die direkt dem Vorgesetzten unterstellten Mitarbeiter. Zu bestimmten Tagesordnungspunkten kann auch noch ein Experte hinzugezogen werden.

Für die terminliche Planung aller unterstellten Mitarbeiter und im Interesse einer zügigen Abwicklung, die bei Ad-hoc-Gesprächen in der Regel ausbleibt, bewährt sich die turnusmäßige Mitarbeiterbesprechung an einem bestimmten Wochentag zur festen Stunde. Der feste Turnus hat den Vorteil, daß man für die Tagesordnungspunkte einen Einsendeschluß vereinbaren kann, ein geeigneter Raum routinemäßig reserviert ist und keine anderen Terminverpflichtungen übernommen werden.

Selbstverständlich sind Mitarbeiterbesprechungen innerhalb der Dienstzeit anzusetzen; sie dienen schließlich dem Betriebszweck. Das beliebte Spiel, Besprechungen zu späten Nachmittagsstunden anzusetzen, wird auf Dauer bei den Mitarbeitern auf wenig Gegenliebe stoßen.

Ein unpünklicher Beginn und endlos überzogene Zeiten stellen der verantwortlichen Führungskraft kein gutes Zeugnis aus. Nichts erzieht die Mitarbeiter so sehr zu pünktlichem Erscheinen wie ein pünktlicher Beginn mit einer entscheidenden Information. Wer zu spät kommt, muß sich diese anderweitig beschaffen. Eine exakte Einhaltung der vereinbarten Schlußzeit macht die Besprechung planbar und erzielt auch zu kurzen Beiträgen. Wenn etwas nicht abgeschlossen worden ist, ist der entsprechende Punkt u. U. auf die nächste Tagesordnung zu setzen. Es erübrigt sich zu sagen, daß eine Mitarbeiterbesprechung zu Ende ist, wenn die vereinbarten Punkte erledigt wurden. Stellt man die Restzeit für allgemeine Gespräche zur Verfügung, wird sich bald eine Stammtischatmosphäre auch hinsichtlich der anderen Gesprächspunkte entwickeln.

Der Mitarbeiter soll im Gespräch die Probleme vortragen können, zu deren Lösung er die Mitwirkung oder den Rat seiner Kollegen braucht. Dabei lernt er die Probleme seiner Kollegen kennen, erkennt die Zusammenhänge und sieht vielleicht ein, daß verschiedene Probleme aus einem anderen Blickwinkel weniger klar erscheinen, als man sie zunächst selbst gesehen hat. Gleichzeitig erhält er Rückkopplung aus dem Kollegenkreis über die eigene Verhaltensweise.

Wird in einer Besprechung eine Entscheidung vorbereitet, so muß der Mitarbeiter seine Argumente vorbringen, die Argumente anderer hören. Entscheidungen werden für ihn durchsichtiger. Er kann erkennen, worauf es besonders ankommt, wo Gefahrenherde stecken. Ein derartiges Mitarbeitergespräch, das diese Erwartungen berücksichtigt, motiviert, weil es Spannungen und Widerstände abbaut.

Verstimmungen bei Besprechungen können immer wieder auftreten, wenn die Besprechungsteilnehmer zu der Auffassung gelangen, sie sollten an einer Entscheidung mitwirken, die bereits getroffen worden war. Ein Vorgesetzter darf nicht aus falsch verstandener Rücksicht die Illusion aufkommen lassen, daß Mitarbeiter über ihren eigenen Delegationsbereich hinaus Entscheidungen treffen können. Natürlich ist es auch falsch, die Mitarbeiter bei einer Besprechung zur Mitwirkung an der Entscheidungsvorbereitung heranzuziehen, obwohl die Entscheidung schon längst gefallen ist. Derartige Vorgehensweisen werden von den Mitarbeitern rasch erkannt. Das Vertrauen ist dahin. Daher: Ein offenes Wort ist manchmal für die einzelnen Mitarbeiter hart, das Verständnis wird aber sicherlich größer, als wenn um den heißen Brei herumgeredet wird.

Die Mitarbeiterbesprechung ist weiterhin ein wichtiges Instrument, um die Meinung, die Einstellung und die Stimmung der Mitarbeiter zu erfahren. Der Vorgesetzte kann feststellen, wie die Mitarbeiter untereinander agieren und taktieren, und so kann er sehr viel über ihre Qualifikation erfahren. Interessant ist bei derartigen Besprechungen auch, daß häufig die informellen Beziehungen einzelner Mitarbeiter zueinander zutage treten.

Um eine Besprechung sinnvoll zu organisieren, sind also folgende Punkte zu berücksichtigen:

1. Tagesordnung festlegen (einschl. Zeitplan und Themen),
2. Unterlagen rechtzeitig zur Verfügung stellen,
3. den Teilnehmerkreis festlegen,
4. Teilnehmer rechtzeitig einladen und Tagesordnung bzw. Unterlagen zuschicken,
5. Besprechungsraum vorbereiten (vor Störungen schützen etc.).

Die Durchführung erfolgt dann wiederum nach einer festgelegten Ordnung:

1. Begrüßung und Information über Zweck und Ziel des Gespräches,
2. zusätzliche Informationen und Anschauungsmaterial zur Verfügung stellen,
3. leiten der Aussprache,
4. beenden der Besprechung, wenn das Ergebnis zusammengefaßt wird und evtl. Entscheidungen gefällt werden.

Jeder Mitarbeiter sollte zu Wort kommen, sein Beitrag selbstverständlich ernst genommen werden. Schweiger sind direkt anzusprechen, Sonderunterhaltungen sollten unterbunden werden. Schädlich ist es, sofort Partei zu ergreifen, oder Zensuren zu erteilen. Schließlich sollte niemand bloßgestellt werden.

Häufiger noch als die Besprechung mit mehreren Mitarbeitern wird das Gespräch unter vier Augen geführt. Dabei ist die Aufgabenteilung ähnlich. Auch bei dem Gespräch unter vier Augen kann sich der Vorgesetzte beraten lassen, er kann sich über die Ansichten seines Mitarbeiters informieren bzw. umgekehrt den Mitarbeiter über seine eigenen Ideen oder Vorstellungen in Kenntnis setzen. Eine besondere Rolle spielt das Vier-Augen-Gespräch bei der Aufsichts- und Erfolgskontrolle.

Die Technik der Gesprächsführung ist im Grunde genommen die gleiche wie bei der Mitarbeiterbesprechung, der Rahmen ist jedoch persönlicher. Das Gespräch unter vier Augen ist ein außerordentlich wirksames Führungsmittel. Überall dort, wo sich Schwierigkeiten ergeben, eignet sich das Mitarbeitergespräch als Führungsmittel.

Wichtig ist, daß der Mitarbeiter das Gefühl hat, daß es seinem Vorgesetzten wirklich darum geht, seine Meinung zu hören und daß er ihn bei seinen Entscheidungen beraten kann.

8.6 Welche rechtlichen Verpflichtungen bestehen hinsichtlich der Information?

Die formell durch das Betriebsverfassungsgesetz vorgeschriebenen Informationen[54] lassen sich in Informationen gegenüber den Mitarbeitern und Informationen gegenüber den Betriebsvertretungen einteilen.

8.6.1 Informationen gegenüber Mitarbeitern

Um als Teil der Betriebsorganisation im Sinne der Gesamtzielsetzung mitwirken zu können, benötigt der Mitarbeiter Informationen, wie sein Handeln im Betriebsorganismus wirkt. Dem tragen auch die Teile der Betriebsverfassung Rechnung, die die Information des einzelnen Arbeitnehmers sowie sein Mithandeln und Mitwirken betreffen.

In Unternehmen mit in der Regel mehr als 1000 ständig beschäftigten Arbeitnehmern hat der Unternehmer mindestens einmal in jedem Kalendervierteljahr die Arbeitnehmer schriftlich über die wirtschaftliche Lage und Entwicklung des Unternehmens zu unterrichten. Für kleine und mittlere Unternehmen entfällt diese Verpflichtung.

In Unternehmen mit in der Regel mehr als 20, aber unter 1000 ständig beschäftigten Mitarbeitern kann diese Unterrichtung mündlich erfolgen. Hierdurch entsteht eine Überschneidung mit den Berichten in der Betriebsversammlung[55], soweit es sich um die wirtschaftlichen Angelegenheiten

54 Vgl. Zander, E. (1977 a), Gr. 1, S. 73 ff.
55 Vgl. § 43 Abs. 2 BetrVG

handelt. Wenn der Arbeitgeber oder sein Vertreter auf einer Pflichtversammlung nach § 43 BetrVG einen Bericht über die wirtschaftliche Lage des Unternehmens und seiner Betriebe gibt, ist damit auch die Verpflichtung aus § 110 Abs. 2 BetrVG erfüllt.

Besteht kein Wirtschaftsausschuß, weil das Unternehmen nicht mehr als 100 Mitarbeiter ständig beschäftigt hat, so hat sich der Unternehmer wegen des Berichts mit dem Betriebsrat abzustimmen. Es reicht in keinem Falle aus, wenn der Bericht über die wirtschaftliche Lage vom Betriebsrat auf der Betriebsversammlung verlesen wird. Der jährliche mündliche Bericht auf der Betriebsversammlung darf auch nicht mit dem Hinweis auf die vierteljährlichen schriftlichen Berichte nach § 110 Abs. 1 unterlassen werden. Die Beziehungen zwischen Unternehmensführung und Belegschaft werden im Sinne moderner Führungskonzeption durch die mündliche Berichterstattung positiv beeinflußt.

Wenn sich auf der Betriebsversammlung ein für alle Beteiligte nützlicher Dialog entwickelt, wird Information nicht zur Einbahnstraße.

Der Arbeitgeber oder seine Vertreter haben ferner mindestens einmal in jedem Kalenderjahr in einer Betriebsversammlung über das Personal- und Sozialwesen des Betriebes zu berichten[56]. Personelle Maßnahmen, Lohn und Gehalt sowie Leistungen im sozialen Bereich berühren die Belange der Mitarbeiter besonders stark. Sie sollen rechtzeitig über wesentliche Veränderungen in der Führungsspitze und über alle Maßnahmen im Personal- und Sozialwesen unterrichtet sein. Mangelhafte Information bis zu Informationen über Nebenkanäle können nachhaltigen Schaden anrichten, die gesamte Arbeitsatmosphäre negativ beeinflussen und die Fluktuation verstärken.

Der Bericht über das Personal- und Sozialwesen wird zweckmäßigerweise gemeinsam mit dem Bericht über wirtschaftliche Angelegenheiten vom Betriebsleiter oder vom Personalleiter erstattet. Dies ist sinnvoll, weil fast jede technische Maßnahme, z. B. Einführung neuer Fabrikations- und Arbeitsmethoden, Erweiterung, Einschränkung, Zusammenlegung oder Stillegung von Betrieben oder Betriebsteilen, Investitionen oder Sparmaßnahmen, Auswirkung auf den Personalstand und die organisatorische Gliederung hat.

Außer konkreten Zahlen über Personalstand, Zu- und Abgänge, Fehlzeiten und Krankenstand interessieren besonders geplante personalpolitische Maßnahmen sowie Vorhaben zur Förderung der betrieblichen Aus- und

56 Vgl. § 43 Abs. 2 BetrVG

Weiterbildung, insbesondere zur Anpassung an den technischen Fortschritt.

Im Betriebsverfassungsgesetz sind auch individualrechtliche Informations-, Anhörungs- und Erörterungsrechte des einzelnen Arbeitnehmers geregelt. Diese Mitarbeiterinformation obliegt in Kleinbetrieben dem Arbeitgeber unmittelbar. In Mittel- und Großbetrieben sind die Führungskräfte aller Ebenen für die Unterrichtung ihrer Mitarbeiter verantwortlich.

Der Mitarbeiter muß wissen, was er zu tun hat, wie er es zu tun hat und warum die Arbeit auf diese oder jene Weise ausgeführt werden muß. Stellenbeschreibungen und – wo nötig – Arbeitsverteilungs- und Arbeitsablaufstudien mit genauen Angaben auch über Kompetenzen und organsatorische wie funktionale Einordnungen sind dazu erfahrungsgemäß nützliche Unterlagen.

Eine Information hat auch zu erfolgen, wenn im Arbeitsbereich des Mitarbeiters entscheidende Veränderungen vorgenommen werden sollen.[57] Er muß sich auf die zukünftige Entwicklung einstellen können. Wenn erst die Anfertigung von Arbeitsstudien den betroffenen Arbeitnehmer aufschreckt, können Mängel in der Information schlimme Folgen nach sich ziehen.

Nach einer seit dem 1.1.1989 geltenden Ergänzung des Betriebsverfassungsgesetzes hat der Arbeitgeber seine Mitarbeiter insbesondere über diejenigen Maßnahmen und ihre Auswirkungen auf die Arbeitsplätze, die Arbeitsumgebung sowie auf Inhalt und Art seiner Tätigkeit zu unterrichten, die sich aufgrund technischer Planungen ergeben[58]. Im Falle einer Änderung der Tätigkeit des Arbeitnehmers ist dem Arbeitgeber unter bestimmten Voraussetzungen vom Gesetz auferlegt worden, Weiterbildungsmaßnahmen mit dem Arbeitnehmer zu erörtern.

Der Mitarbeiter muß vor Beginn seiner Beschäftigung über Unfall- und Gesundheitsgefahren sowie über Maßnahmen und Einrichtungen zur Abwendung dieser Gefahren belehrt werden[59].

Diese Belehrung darf sich nicht in allgemeinen Hinweisen erschöpfen. Sie muß auf die Besonderheiten des jeweiligen Arbeitsplatzes abgestellt sein. Insoweit konkretisiert diese Belehrungspflicht das, was auch schon aufgrund der einschlägigen Arbeitsschutzbestimmungen und Vorschriften der Berufsgenossenschaft erforderlich ist. In den meisten Unternehmen sind

57 Vgl. § 81 Abs. 2 BetrVG
58 Vgl. § 81 Abs. 3 Satz 1 BetrVG
59 Vgl. § 81 Abs. 1 BetrVG

Unfallfibeln und Merkblätter im Gebrauch, die vor Aufnahme der neuen Tätigkeit ausgehändigt und erklärt werden müssen. Zweckmäßigerweise erfolgen am ersten Arbeitstag außerdem allgemeine Unfallbelehrungen durch die Sicherheitsbeauftragten. Eine schriftliche Bestätigung, daß die Belehrung erfolgte, ist aus Haftungsgründen zu empfehlen.

Solange der Arbeitgeber – selbst oder durch Beauftragte – den Arbeitnehmer nicht im Sinne der hier erläuterten Vorschriften informiert und eingewiesen hat, kann dieser entsprechend § 273 BGB seine Arbeitsleistung zurückhalten, ohne den Anspruch auf Lohn zu verlieren[60]. Der Arbeitnehmer kann auch auf Erfüllung der Informationspflicht klagen.

Der Arbeitnehmer hat außerdem das Recht, in betrieblichen Angelegenheiten, die seine Person betreffen, von den zuständigen Führungskräften gehört zu werden. Er hat das Recht zur Stellungnahme und kann Vorschläge für die Gestaltung seines Arbeitsplatzes und des Arbeitsablaufes machen[61].

Dem Mitarbeiter ist die Berechnung und Zusammensetzung seines Arbeitsentgeltes zu erläutern, sofern er dies wünscht[62]. Die Lohn- und Gehaltsabrechnung soll so gestaltet sein, daß die Zusammensetzung des Brutto-Verdienstes ebenso wie die Berechnung des Netto-Verdienstes für den Empfänger klar ersichtlich ist. Diese Vorsorge beinhaltet gleichzeitig einen erheblichen Rationalisierungseffekt, weil Rückfragen bei den Vorgesetzten und in der Gehaltsabteilung so auf ein Mindestmaß beschränkt werden können.

Der Mitarbeiter kann verlangen, daß mit ihm die Beurteilung seiner Leistungen sowie die Möglichkeiten seiner beruflichen Entwicklung im Betrieb erörtert werden. Es ist eine gesicherte Erkenntnis, daß durch das Wissen um gute eigene Leistungen Erfolgserlebnisse und damit Impulse zur Leistungssteigerung ausgelöst werden. Alle Mitarbeiter sollten in regelmäßigen Abständen darüber informiert werden, wie ihre Leistungen und ihr Verhalten im Betrieb eingeschätzt werden.

Das Gespräch über die Beurteilungsergebnisse kann zugleich Anlaß sein, mit dem Mitarbeiter über seine weitere berufliche Entwickung zu sprechen. Dabei sollten besondere Stärken und Schwächen aufgezeigt und Weiterbildungsmöglichkeiten erwogen werden.

60 Vgl. §§ 298, 615 BGB
61 Vgl. § 82 Abs. 1 BetrVG
62 Vgl. § 82 Abs. 2 BetrVG

Der Arbeitnehmer hat das Recht, in die über ihn geführte Personalakte Einsicht zu nehmen. Seine Erklärungen zum Inhalt sind dieser auf sein Verlangen beizufügen[63]. Der Arbeitnehmer kann verlangen, daß Aktenvermerke entfernt werden, die entweder unrichtige Tatsachenbehauptungen enthalten[64] oder die keine Bedeutung mehr für die Beurteilung des Mitarbeiters haben, aber geeignet sind, ihn in seiner Entwicklungsmöglichkeit fortwirkend zu beeinträchtigen[65].

Dieses Recht erfordert, die Personalakte vollständig und geordnet bei der Personalabteilung aufzubewahren. Die Einsichtnahme kann in Gegenwart des Vorgesetzten oder eines Mitarbeiters der Personalabteilung erfolgen. Der Mitarbeiter ist berechtigt, sich Aufzeichnungen zu machen.

Das Einsichtsrecht besteht, ohne daß eine Begründung genannt werden muß. Wiederholte Einsichtnahme sollte aber einen gewissen Zeitablauf oder eine andere Begründung – z. B. Beurteilung, Versetzung – voraussetzen. Einzelheiten des Einsichtsrechts (Häufigkeit, Voranmeldung, Ort, Bescheinigung über erfolgte Einsicht) können durch freiwillige Betriebsvereinbarung geregelt werden, aber nicht im Sinne einer grundsätzlichen Beschränkung.

Unabhängig von allen Vorschriften gilt: Information ist nur soviel wert wie die Menschen, die sie betreiben. Das Betriebsverfassungsrecht gibt allen dazu Chancen, setzt aber auch ein großes Verantwortungsbewußtsein voraus.

8.6.2 Informationen gegenüber den Betriebsvertretungen

Information des einzelnen Mitarbeiters ist vor allem eine Forderung zeitgemäßer Personalführung. Im Betriebsverfassungsgesetz hat sie eine vergleichsweise schwache Resonanz erfahren. Das Schwergewicht der gesetzlichen Informationspflicht des Unternehmens besteht eindeutig gegenüber den Betriebsvertretungen. Hier ist zwischen den Informationsansprüchen der Betriebsräte und denen des Wirtschaftsausschusses zu unterscheiden.

Die Beteiligungsrechte des Betriebsrats beginnen mit dem Anspruch auf Information. Sie steigern sich über das Beratungs- und Anhörungsrecht hin

---

63 Vgl. § 83 BetrVG
64 Vgl. BAG-Urteil vom 27.11.1985, Der Betrieb 1986, S. 489
65 Vgl. BAG-Urteil vom 13.4.1988, Der Betrieb 1988, S. 1702

zur vollen Mitbestimmung, die teils als Widerspruchsrecht[66], teils als Zustimmungsrecht[67] oder als erzwingbare Initiative[68], ausgestaltet ist.

Welcher Art die Beteiligungsrechte auch immer sein mögen, sie sind stets und ohne Ausnahme mit dem relativ schwächsten Recht, mit dem auf Unterrichtung, verbunden. Diese Bedeutung der Information wird dadurch unterstrichen, daß ihre Nichtbeachtung mit erheblichen Bußen belegt werden kann[69]. Oft führt sie auch zur Unwirksamkeit der personellen Maßnahme und gibt dem Betriebsrat das Recht, ihre Rücknahme zu erzwingen. Es kommt deshalb darauf an, daß von den betrieblichen Führungskräften die Rechte des Betriebsrats beachtet und die erforderlichen Formalitäten erfüllt werden. Das führt leider zu weiterer Bürokratisierung der Personalarbeit, ist aber vom Gesetzgeber gewollt.

Der Arbeitgeber ist verpflichtet, den Betriebsrat ganz allgemein, umfassend und rechtzeitig zu unterrichten, daß dieser alle ihm mit dem Betriebsverfassungsgesetz übertragenen Aufgaben, also nicht nur die allgemeinen Aufgaben des § 80 Abs. 1 BetrVG, ordnungsgemäß wahrnehmen kann.

Allerdings muß nicht unbedingt der Betriebsrat in seiner Gesamtheit von geplanten Maßnahmen unterrichtet werden. Es genügt, einen kompetenten Ausschuß des Betriebsrates, den Vorsitzenden oder seinen Stellvertreter zu unterrichten. Der Arbeitgeber soll lediglich davon überzeugt sein, daß die Information in den Handlungsbereich des Betriebsrates gelangt. Wie der Betriebsrat die Angelegenheit unter sich behandelt, ist allein seine Sache.

Zur Einsichtnahme in die Listen der Bruttolöhne und Gehälter[70] hat das Bundesarbeitsgericht[71] inzwischen entschieden:

1. In Betrieben, die aufgrund ihrer Mitarbeiter Betriebsräte mit weniger als 9 Mitgliedern haben und die daher keinen Betriebsausschuß bilden können, steht das Einsichtsrecht dem Betriebsratsvorsitzenden oder einem anderen Betriebsratsmitglied zu, dem auf Beschluß des Betriebsrats die Wahrnehmung dieser Aufgabe übertragen worden ist (§ 27 Abs. 4 BetrVG).

2. Das Einsichtsrecht erstreckt sich nicht auf die Gehaltslisten der leitenden Angestellten (§ 5 Abs. 3 BetrVG), wohl aber auf AT-Gehälter.

---

66 Vgl. §§ 98 Abs. 2, 99 BetrVG
67 Vgl. §§ 87, 94, 98 Abs. 1, 103 BetrVG
68 Vgl. §§ 95, Abs. 2, 104, 109 BetrVG
69 Vgl. § 121 BetrVG
70 Vgl. § 80 Abs. 2 BetrVG
71 Vgl. BAG-Urteil vom 30. 6. 1981, Betriebsberater 1981, S. 1950

Ein weiterer Aspekt der Informationspflicht ist im Zusammenhang mit der Arbeitssicherheit zu sehen. Das verstärkte Bemühen, Unfälle zu vermindern, wird durch eine Reihe neuerer Vorschriften deutlich. So hat der Betriebsrat nach § 89 Abs. 1 i. V. m. § 80 Abs. 1 BetrVG eine selbständige Überwachungspflicht zur Beseitigung von Gefahren für Leben und Gesundheit der Arbeitnehmer. Zu diesem Zweck kann er einen besonderen Ausschuß[72] bilden. Dieser arbeitet mit den betrieblichen Stellen, wie Sicherheitsbeauftragten oder Sicherheitsausschuß, Werksärzten und Betriebsleitern, und mit den zuständigen Behörden, wie Gewerbeaufsichtsämtern, technischen Überwachungsvereinen und Trägern der gesetzlichen Unfallversicherung, insbesondere Berufsgenossenschaften, zusammen. Er setzt sich für die Durchführung von Vorschriften über den Arbeitsschutz und die Unfallverhütung im Betrieb ein und unterstützt die für die Durchführung der erforderlichen Maßnahmen zuständigen Stellen durch Anregung, Beratung und Auskunft. Es ist eine zweiseitige Unterrichtungspflicht, denn der Arbeitgeber hat dem Betriebsrat unverzüglich die den Arbeitsschutz und die Unfallverhütung betreffenden Auflagen und Anordnungen mitzuteilen. Der Betriebsrat oder sein zuständiger Ausschuß nimmt an den der Arbeitssicherheit und Unfallverhütung dienenden Besprechungen teil. Er erhält außerdem Niederschriften über Untersuchungen, Besichtigungen und Besprechungen, zu denen er nach diesen Bestimmungen hinzuzuziehen ist.

Der Arbeitgeber hat den Betriebsrat über die Planung

1. von Neu-, Um- und Erweiterungsbauten von Fabrikations-, Verwaltungs- und sonstigen betrieblichen Räumen,

2. von technischen Anlagen,

3. von Arbeitsverfahren und Arbeitsläufen oder

4. der Arbeitsplätze

rechtzeitig unter Vorlage der erforderlichen Unterlagen zu unterrichten und die vorgesehenen Maßnahmen, insbesondere im Hinblick auf ihre Auswirkungen auf die Art der Arbeit und die Anforderungen an die Arbeitnehmer, mit ihm zu beraten. Die Beratung soll so rechtzeitig erfolgen, daß Vorschläge und Bedenken des Betriebsrats bei der Planung berücksichtigt werden können. Arbeitgeber und Betriebsrat sollen dabei die gesicherten

72 Vgl. § 28 BetrVG

arbeitswirtschaftlichen Erkenntnisse über die menschengerechte Gestaltung der Arbeit berücksichtigen[73].

An den Bestimmungen zur Arbeits(platz)gestaltung wird besonders deutlich, wie wichtig die rechtzeitig und umfassende Unterrichtung des Betriebsrates ist. Wie aus dem im Gesetz aufgeführten geschlossenen Katalog zu ersehen ist, handelt es sich hier meist um Maßnahmen, die ohne erhebliche wirtschaftliche Einbußen schwer rückgängig gemacht werden können, wenn sie erst einmal vollzogen sind. Das soll nun nicht heißen, daß dem Betriebsrat – auch gegen den Willen des Arbeitgebers – ein unittelbares Eingriffsrecht zugebilligt wird. Er kann zunächst nur mitwirken, jedoch nicht mitbestimmen. Der Betriebsrat soll aber die Möglichkeit erhalten, schon im Planungsstadium schutzwerte Interessen der Arbeitnehmer anzumelden und Maßnahmen anzuregen. Dadurch soll verhindert werden, daß er erst zu einem sehr späten Zeitpunkt angemessene Schritte zur Milderung oder zum Ausgleich von Belastungen verlangt, die beim Berücksichtigen gesicherter arbeitswissenschaftlicher Erkenntnisse vermeidbar gewesen wären.

Die Mitbestimmung des Betriebsrates in allgemeinen personellen Angelegenheiten ist mit dem BetrVG 72 erheblich erweitert und verstärkt worden. Damit hat der Betriebsrat schon im Vorfeld personeller Einzelentscheidungen Einwirkungsmöglichkeiten auf die Personalplanung und auf personelle Grundsatzentscheidungen, die, bis hin zu personellen Einzelmaßnahmen, präjudizierende Wirkung haben können. Nur wenn der Betriebsrat bereits im Planungsstadium über den künftigen Personalbedarf oder über die Absicht, Personal zu reduzieren, informiert wird, hat er auch die Möglichkeit, auf die mittel- und langfristige Personalentwicklung einzuwirken, indem er seinerseits Vorschläge zur Durchführung der Personalplanung einbringt[74].

Der Gesetzgeber hat die Berufsbildung besonders hervorgehoben. Bereits durch die Bestimmungen des § 92 Abs. 1[75] ist der Arbeitgeber verpflichtet, den Betriebsrat über Maßnahmen der Berufsbildung anhand von Unterlagen rechtzeitig und umfassend zu „unterrichten“. Er hat mit dem Betriebsrat über Art und Umfang der erforderlichen Maßnahmen und über die Vermeidung von Härten „zu beraten“. Dieses allgemeine Informations- und Beratungsrecht wird in § 96 durch ein „Initiativrecht“ ausgeweitet.

73 Vgl. § 90 Abs. 1, 2 BetrVG
74 Vgl. § 92 Abs. 2 BetrVG
75 Vgl. § 99, 100 BetrVG

Einige wichtige personelle Einzelmaßnahmen sind von besonderer Bedeutung für die Information. Der Gesetzgeber hat hinsichtlich der Informationspflicht des Arbeitgebers und der Folgen einer Nichteinigung über die vorgesehene Maßnahme unterschieden zwischen Einstellung, Eingruppierung, Umgruppierung und Versetzung einerseits[75] und Kündigung andererseits[76]. Obwohl die Mitwirkung des Betriebsrats in beiden Fällen zur Mitbestimmung ausgeweitet ist – im Fall des § 99 BetrVG muß eine Betriebsgröße von mehr als 20 wahlberechtigten Arbeitnehmern, d. h. ein Betriebsrat mit mehreren Mitgliedern, gegeben sein –, sind die Rechtsfolgen der Zustimmungsverweigerung[77] und des Widerspruchs[78] verschieden.

Beginnen wir mit der Mitbestimmung bei Einstellung, Eingruppierung, Umgruppierung und Versetzung. In Betrieben mit üblicherweise mehr als zwanzig wahlberechtigten Arbeitnehmern hat der Arbeitgeber den Betriebsrat vor Durchführung dieser personellen Einzelmaßnahmen zu unterrichten und dessen Zustimmung zu der geplanten Maßnahme einzuholen.

Weder für die Unterrichtung noch für die Zustimmung des Betriebsrates ist die Schriftform vorgeschrieben. Es genügt also grundsätzlich eine mündliche Unterrichtung. Da aber die Zustimmungsverweigerung des Betriebsrates unter Angabe der Gründe „innerhalb einer Woche“ schriftlich erfolgen muß, hat sich in der Praxis auch für die Unterrichtung die Schriftform durchgesetzt. Der Arbeitgeber könnte mit der Behauptung des Fristablaufs in Beweisnot geraten, wenn nicht der Schriftweg gewählt wurde.

Der Fristablauf kann leicht strittig werden, weil die Zustimmung als erteilt gilt, wenn der Betriebsrat nicht innerhalb der Wochenfrist schriftlich mitteilt, daß er seine Zustimmung verweigert.

Das Mitbestimmungsrecht des Betriebsrates bei den personellen Einzelmaßnahmen besagt, daß der Arbeitgeber die Zustimmung des Betriebsrates benötigt, um die geplanten Personalmaßnahmen durchführen zu können.

Für das Ausmaß der Unterrichtungs- und Vorlagepflicht sind die von den Widerspruchsgründen in § 99 Abs. 2 BetrVG gezogenen Grenzen maßgebend. Die Informationen müssen ausreichen, um dem Betriebsrat ein Urteil über die Frage zu erlauben, ob ein Widerspruchsgrund gegeben ist.

Entgegen der Zustimmungserfordernis zu den personellen Einzelmaßnahmen, wie sie in § 99 geregelt sind, ist die Kündigung durch den Arbeitgeber

---

76 Vgl. § 102 BetrVG
77 Vgl. § 99 BetrVG
78 Vgl. § 102 BetrVG

allgemein nicht an eine Zustimmungserfordernis gebunden. Insoweit berücksichtigt das BetrVG, daß der Kündigungsschutz im Kündigungsschutzgesetz individualrechtlich gestaltet ist. Das BetrVG verlangt aber, vor Ausspruch einer Kündigung den Betriebsrat zu hören. Diese Pflicht trifft jedes Unternehmen, in dem ein Betriebsrat gewählt worden ist. Sie gilt also auch für den Kleinbetrieb mit in der Regel nur 5 bis 20 wahlberechtigten Arbeitnehmern, wenn also der Betriebsrat nur aus einer Person besteht.

Eine ohne Anhörung des Betriebsrates ausgesprochene Kündigung ist unwirksam. Ein Arbeitgeber kann also erst dann rechtswirksam kündigen, wenn er zuvor den Betriebsrat gehört hat. Er ist verpflichtet, den Betriebsrat über sein Vorhaben ausreichend zu informieren und ihm Gelegenheit zur Stellungnahme zu geben. Beteiligter am Anhörungsverfahren muß der gesamte Betriebsrat oder ein durch Beschluß des Betriebsrates dazu ermächtigter Ausschuß[79] sein. Das Anhören allein des Vorsitzenden oder seines Stellvertreters genügt nicht.

Der Arbeitgeber ist verpflichtet, die Stellungnahme des Betriebsrates entgegenzunehmen und sich mit ihr sachlich auseinanderzusetzen.

Um eine ausreichende Beratung im Betriebsrat und seine fristgerechte schriftliche Stellungnahme zu ermöglichen, muß der Arbeitgeber den Betriebsrat rechtzeitig, bei ordentlicher Kündigung mindestens eine Woche, bei außerordentlicher Kündigung mindestens drei Tage, vor Ausspruch der Kündigung informieren und hierbei den Kündigungstermin und die Kündigungsgründe nennen.

Darüber hinaus hat der Unternehmer in Betrieben mit in der Regel mehr als zwanzig wahlberechtigten Arbeitnehmern den Betriebsrat über geplante Betriebsratsänderungen, die wesentliche Nachteile für die Belegschaft oder erhebliche Teile der Belegschaft zur Folge haben können, rechtzeitig und umfassend zu unterrichten und die geplanten Betriebsänderungen mit dem Betriebsrat zu beraten.

Dazu führt § 111 BetrVG einen geschlossenen Katalog von Fällen auf, die in diesem Sinne als Betriebsänderungen gelten.

Der Unternehmer ist vom Gesetzgeber nur verpflichtet worden, mit dem Betriebsrat zu beraten und über diese unternehmerisch-wirtschaftlichen Maßnahmen mit ihm einen Interessenausgleich anzusteuern. Kommt ein solcher Interessenausgleich nicht zustande oder weicht der Unternehmer

79 Vgl. §§ 27, 28 BetrVG

von dem gefundenen Ausgleich ab, so ist die getroffene Maßnahme dennoch wirksam.

Erst danach beginnt die eigentliche Mitbestimmung des Betriebsrates, denn er kann vom Unternehmer die Aufstellung eines Sozialplanes verlangen.

Entscheidend ist, daß das Betriebsverfassungsgesetz nicht beabsichtigt, der unternehmerischen Entscheidung im wirtschaftlichen Bereich mit der Beteiligung des Betriebsrates rechtliche Schranken zu setzen. Die Mitbestimmung dient hier ausschließlich der Absicherung der Arbeitnehmer gegenüber den sozialen Folgen wirtschaftlicher Veränderungen.

In wirtschaftlichen Angelegenheiten spielt demnach der Betriebsrat nur eine Nebenrolle. Sie sind in Mittelbetrieben dem Wirtschaftsausschuß vorbehalten, einem Sonderausschuß des Betriebsrates, mit der Aufgabe, wirtschaftliche Informationen vom Unternehmer zu erlangen, sie zu verarbeiten und an den Betriebsrat weiterzugeben.

Der Wirtschaftsausschuß ist in allen Unternehmen mit in der Regel mehr als einhundert ständig beschäftigten Arbeitnehmern zu bilden. Er besteht aus drei bis sieben Mitgliedern, die dem Unternehmen angehören müssen, darunter mindestens ein Betriebsratsmitglied. Die Mitglieder, zu denen auch leitende Angestellte im Sinne § 5 Abs. 3 BetrVG gehören können, werden vom Betriebsrat für die Dauer seiner Amtszeit bestimmt. Besteht ein Gesamtbetriebsrat, bestimmt dieser die Mitglieder des Wirtschaftsausschusses. Die Mitglieder können jederzeit abberufen werden. Mit der Mehrheit seiner Stimmen kann der Betriebsrat (Gesamtbetriebsrat) beschließen, die Aufgaben des Wirtschaftsausschusses einem Ausschuß des Betriebsrates zu übertragen. Dieser darf aber nicht größer sein als der Betriebsausschuß. Weitere Arbeitnehmer, auch leitende Angestellte, können bis zur Zahl der Ausschußmitglieder dazu berufen werden.

Der Wirtschaftsausschuß ist das Bindeglied zwischen Unternehmen und Betriebsrat, damit dieser die erforderlichen Kenntnisse über wirtschaftliche Vorgänge erhält, über die nicht schon aufgrund anderer Unterrichtungspflichten eine Information erfolgt ist. Dabei kann es geschehen, daß dem Betriebsrat auf unterschiedlichem Weg die gleichen Informationen zuteil werden.

In der Praxis hat sich gezeigt, daß es empfehlenswert ist, leitende Angestellte in den Wirtschaftsausschuß zu berufen.

Aus dem Gesetz ist unschwer erkennbar, daß die Information die eigentlich zentrale Zielsetzung ist. So ist vorgeschrieben, daß der Unternehmer den Wirtschaftsausschuß rechtzeitig und umfassend über die wirtschaftlichen Angelegenheiten des Unternehmes unter Vorlage der erforderlichen Unterlagen zu unterrichten und die sich aus den vorgesehenen Maßnahmen ergebenden Auswirkungen auf die Personalplanung darzustellen hat. Dabei geht es vornehmlich um die Langfristplanung im Rahmen der Unternehmensplanung, deren integrierter Bestandteil sie ist.

Was im einzelnen zu den von der Unterrichtungspflicht erfaßten wirtschaftlichen Angelegenheiten gehört, ist in § 106 Abs. 3 BetrVG anhand von Beispielen aufgeführt. Dieser Katalog erfaßt über die im § 111 BetrVG genannten Betriebsänderungen hinaus weitere betriebswirtschaftliche Größen wie Absatzlage, Investitionsprogramm, finanzielle Lage und Fabrikationsmethoden. Vor allem ist aber mit der Nr. 10 des § 106 Abs. 3 eine weite Öffnung erfolgt, wenn es dort heißt: „... sonstige Vorgänge und Vorhaben, welche die Interessen der Arbeitnehmer des Unternehmens wesentlich berühren können.“

Insoweit handelt es sich bei der Nr. 10 um eine beschränkte Generalklausel. Die Grenze der Unterrichtungspflicht ist da gezogen, wo Interessen der Arbeitnehmer nicht mehr wesentlich berührt werden. Auch die wirtschaftliche Situation des Unternehmens selbst unterliegt nicht der Unterrichtungspflicht. Mit Hinblick auf die Tatsache, daß die Unterrichtungspflicht immer mit einem Beratungsrecht des Wirtschaftsausschusses verbunden ist, bleibt festzustellen, daß die laufende Geschäftsführung nicht unter diese Bestimmung fällt.

In § 108 BetrVG wird bestimmt, daß der Wirtschaftsausschuß monatlich einmal zusammentreten soll. An den Sitzungen hat der Unternehmer oder sein Vertreter teilzunehmen. Sachkundige Arbeitnehmer einschließlich leitender Angestellter sind nicht ohne weiteres seine Vertreter.

Zur Unterrichtung gehört die Vorlage der erforderlichen Unterlagen, in die Einsicht genommen werden kann. Eine Aushändigung ist dagegen nicht vorgesehen. Der Jahresabschluß ist unter Beteiligung des Betriebsrates zu erläutern. Darüber hinaus hat der Wirtschaftsausschuß dem Betriebsrat über jede Sitzung vollständig zu berichten. Das gilt auch dann, wenn der Betriebsrat einen eigenen Ausschuß mit der Wahrnehmung der Aufgaben des Wirtschaftsausschusses beauftragt hat.

9 Arbeitssicherheit und Arbeitsgestaltung

Über Arbeitssicherheit und Arbeitsgestaltung wird heute viel diskutiert. Beide Bereiche sind durch neuere Vorschriften, aber auch durch eine allgemeine höhere Bewertung der Gesundheit stärker ins Bewußtsein vieler Menschen gerückt. Wie leichtsinnig trotzdem viele Mitarbeiter ihre Gesundheit aufs Spiel setzen, zeigt das Ergebnis einer Mitarbeiterbefragung. Obwohl 84% der Befragten wußten, daß Lärmschwerhörigkeit nicht heilbar ist, trugen nur 20% Gehörschutzmittel. Fälschlicherweise waren 60% der Meinung, das Ohr würde sich – ohne Schaden zu nehmen – an den Lärm gewöhnen. Diese traurigen Ergebnisse kamen trotz vieler Informationsmaßnahmen zustande. Dies macht deutlich, wie wichtig es ist, die Überzeugungsarbeit auf dem Gebiet der Arbeitssicherheit weiter zu forcieren. Selbst bei einem mustergültigen Versicherungssystem, das unbeschränkt die Kosten für eine wirksame Heilbehandlung und Rehabilitation übernimmt und das bei einer Minderung der Erwerbsfähigkeit eine dynamische Rente zahlt, ergeben sich für den Betroffenen und seine Angehörigen Schäden und teilweise unermeßliches Leid. Weil auch bei einem hohen Stand der Medizin Körper- und Gesundheitsschäden nur in begrenztem Maße reparabel sind, muß im Vorfeld angesetzt werden. D. h.: Nicht Unfälle vergüten, sondern Unfälle verhüten!

9.1 Welche Bedeutung hat die Arbeitsgestaltung?

Beginnen wir mit dem jüngsten Gebiet der betrieblichen Menschenführung, der Arbeitsgestaltung – vielfach noch Ergonomie genannt. In den letzten Jahren sind nicht nur die Bemühungen um die Verringerung der Unfälle, sondern vor allem um eine menschengerechtere Arbeitsgestaltung verstärkt worden. Auch der Gesetzgeber übt verstärkten Druck auf die Unternehmensleitungen aus, die bisher den Wert guter Arbeitsgestaltung und niedrigerer Unfallzahlen noch nicht erkannten. Die Sozialpartner bemühen sich seit Jahren – u. a. durch Bestimmungen in Manteltarifverträgen und Betriebsvereinbarungen –, die Arbeitsbedingungen zu verbessern. Dadurch erfüllen sie zugleich die gesellschaftspolitischen Forderungen nach Humanisierung der Arbeit.

Wenn in den letzten Jahren die Ergonomie zunehmende Aufmerksamkeit auf sich gelenkt hat, so mag es daran liegen, daß es sich um ein neues, interdisziplinäres Wissensgebiet handelt, zum anderen aber auch daran, daß im Arbeitsleben eine noch bestehende Lücke erkannt wurde, die durch die Ergonomie systematisch geschlossen werden soll.

Die Komplexität der Ergonomie als Teilgebiet der Arbeitswissenschaft (Studium des Menschen bei der Arbeit, Lehre der menschlichen Arbeit) wird durch Hervorheben ihres interdisziplinären Charakter deutlich. Der Ergonomie fällt die Aufgabe der Koordinierung von Erkenntnissen der verschiedensten Wissensgebiete zu, z. B. Anatomie, Physiologie, Anthropometrie, Psychologie, Physik, Technik und Arbeitsmedizin.

Die ergonomische Arbeitsgestaltung besteht vor allem aus zwei Komponenten, nämlich der gegenseitigen Anpassung von Mensch und Arbeit, wie das folgende Schaubild zeigt:

Abb. 23: **Komponenten der Arbeitsgestaltung**

Arbeitsgestaltung

Anpassung des Menschen an die Arbeit	Anpassung der Arbeit an den Menschen
– Eignungsauslese (medizinisch-physiologisch) – Aus- und Weiterbildung – Leistungsmotivation	– Beachtung absoluter Leistungsgrenzen – Vermeidung gesundheitsschädigender Arbeitsbelastungen – Nutzung zumutbarer Beanspruchung für die Leistungsverbesserung – Gewährleistung fähigkeitsgerechter Arbeitsanforderungen

Die erste Komponente gehört zur Personalführung, während die zweite, die technisch betonte Seite, in den meisten Fällen von der „Arbeitssicherheit“ wahrzunehmen ist.

Mit der Ergonomie soll die traditionelle Unfallverhütung intensiviert werden. Darüber hinaus gilt es, einerseits einen vorzeitigen Kräfteverschleiß durch psychische Überforderung im Beruf zu verhindern und andererseits körperliche und geistige Unterforderung durch die Arbeit zu vermeiden.

Diesen Anforderungen müssen die Arbeitsräume und Arbeitsplätze und vor allem auch die Arbeitsmittel gerecht werden. Der Arbeitnehmer soll die Möglichkeit zur Mitgestaltung seiner Arbeitsumwelt haben.

Maßnahmen der Ergonomie, die sich mit der Anpassung der Arbeit an den Menschen befassen, sind ein Weg, der sowohl den humanitären Ansprüchen gerecht wird, wie auch gleichzeitig durch Leistungsverbesserung zu wirtschaftlichen Erfolgen führt. Unter Arbeitsplatzgestaltung wird also eine Anpassung der äußeren Arbeitsbedingungen an den Menschen mit dem Ziel der Gesunderhaltung und der Leistungsoptimierung verstanden. Diese Ziele sind erreicht, wenn z. B. die Leistungsgrenzen nicht überschritten werden und die innerhalb der zumutbaren Grenzen liegenden Beanspruchungsmöglichkeiten zur Verbesserung der Leistung genutzt werden. Auch sollen Unterbeanspruchungen durch solche Mindestbeanspruchungen ersetzt werden, die für die Aufrechterhaltung der körperlichen und seelischen Funktionsfähigkeit erforderlich sind. Vorzugsweise im Planungsstadium werden die Erkenntnisse der Arbeitswissenschaft beim Festlegen der spezifischen Bedingungen des Arbeitsplatzes und der Arbeitsumgebung in praktische Anwendung umgesetzt. Ergonomie heißt somit: bessere Anpassung der Arbeit an den Menschen und Abbau unzumutbarer Belastungen.

Die Humanisierung der zunehmend technisierten Arbeitswelt verlangt, daß schon beim Planen von Arbeitsabläufen, beim Einrichten neuer Arbeitsplätze ebenso wie beim Umgestalten bestehender Arbeitspraktiken mehr und mehr der Mensch mit seinen naturgegebenen Fähigkeiten als Maßstab eingesetzt wird. Die Sicherheit am Arbeitsplatz bildet unter diesem Gesichtspunkt eine wichtige Führungsaufgabe.

9.2 Warum ständig verbesserte Arbeitssicherheit?

Als Triebfeder für Unternehmer, sich der Belange der Arbeitssicherheit anzunehmen und sich allen Ebenen der betrieblichen Hierarchie gegenüber mit dieser Zielsetzung zu identifizieren, gibt es drei Komponenten, die stets gleichzeitig vorliegen:

1. die menschliche Verpflichtung,
2. wirtschaftliche Überlegungen,
3. rechtliche Gesichtspunkte.

Maßnahmen zur Verhütung von Arbeitsunfällen werden in erster Linie ergriffen, um den arbeitenden Menschen zu schützen und ihn vor Verletzungen, Krankheit, Invalidität oder Tod und den damit verbundenen Nachteilen zu bewahren.

Darüber hinaus haben Unfälle aber auch erhebliche wirtschaftliche Auswirkungen, die das Versorgungsniveau des einzelnen und der Volkswirtschaft insgesamt senken. So entstehen unmittelbar am Unfallort Schäden an Personen oder am Produktivkapital. Sie sind mit den Kosten zu bewerten, die anfallen, um den Zustand wiederherzustellen, der vor dem Unfall gegeben war. Bei der Instandsetzung handelt es sich um erhöhte Investitionskosten, die ohne Unfall vermieden worden wären.

Ziel einer zeitgemäßen Personal- und Sozialpolitik sollte es immer sein, die wirtschaftlichen und technischen Erfordernisse der Arbeit mit den Bedürfnissen der Mitarbeiter in Einklang zu bringen. Diese an und für sich selbstverständliche Forderung, die dem Unternehmen und dem Mitarbeiter langfristig gleichermaßen dient, rückt jetzt unter dem Schlagwort „Humanisierung der Arbeit" in das Blickfeld der Öffentlichkeit. Aufgrund dieser gesellschaftspolitischen Entwicklung gewinnt die Humanisierung der Arbeit besondere Aktualität. Jede humane Gestaltung der Arbeit orientiert sich an einer bestimmten Vorstellung des Menschen und berücksichtigt seine grundsätzliche Beziehung zur Arbeit.

Neue Techniken und Arbeitsformen erfordern eine ständige Fortentwicklung der Arbeitssicherheit und der Arbeitsgestaltung. Neue Erkenntnisse und Methoden eröffnen dafür neue Lösungsmöglichkeiten. Sie sind daraufhin zu überprüfen, inwieweit sie das traditionelle Ziel mit größerer Effizienz verwirklichen können. Die Gewerkschaften sehen es seit langem als wichtige Aufgabe an, im Sinne der Humanisierung des Arbeitslebens zu wirken. Nach ihrer Meinung darf sich die Humanisierung des Arbeitslebens nicht in einem Abbau von Belastungen erschöpfen, sondern sollte darüber hinaus dem einzelnen auch Möglichkeiten für die Entfaltung seiner Fähigkeiten und damit zur Selbstverwirklichung geben.

Die Unternehmer, die bisher die verstärkten Bemühungen um Arbeitssicherheit nicht erkannten, sollten sich bewußt machen, wie sehr auch wirtschaftliche Gesichtspunkte diese Bestrebungen unterstützen können. Manche Unternehmen haben rechnerisch feststellen können, daß sich der Einsatz hauptamtlicher Fachkräfte für Arbeitssicherheit und die zusätzliche Anschaffung von Arbeitsschutzmitteln im Endeffekt finanziell durch weniger Unfälle und die Rückerstattung von Beiträgen seitens der Berufsgenossenschaft auszahlten. Allerdings ist es nicht einfach, die Unfallkosten zu ermitteln und getrennt auszuweisen.

Unter dem Gesichtspunkt einer möglichst umfassenden Zusammenstellung der betrieblichen Unfallkosten empfiehlt es sich, von vornherein Klarheit über die Kostenarten zu gewinnen, die im Zusammenhang mit dem Unfallgeschehen stehen. Dabei hat es sich auch für die betrieblichen Unfallkosten als zweckmäßig erwiesen, zwischen Einzel- und Gemeinkosten zu differenzieren. Die den einzelnen Unfällen direkt zurechenbaren Kosten, die Unfalleinzelkosten, lassen sich in drei Kostenarten untergliedern, in Personal-, Kapital- und Materialkosten.

Darüber hinaus entstehen jedoch Kosten, die nicht einem einzelnen Unfall zuzurechnen sind, jedoch im Zusammenhang mit dem gesamten Unfallgeschehen entstehen. Bei diesen Unfallgemeinkosten sind die Berufsgenossenschaftsbeiträge und der unfallbedingte Arbeitgeberanteil zur Krankenversicherung dominierend. Die übrigen Gemeinkostenarten, wie beispielsweise die Kosten der ungenutzten Bereitschaft der betrieblichen Unfallversorgungseinrichtungen, Kosten für Versicherungsnahme bei privaten Versicherungen, anteilige Verwaltungskosten der Betriebskrankenkasse, Kosten der betrieblichen Unfallstatistik und -analyse fallen demgegenüber kaum ins Gewicht.

Bei einem verstärkten Engagement für die Arbeitssicherheit muß beachtet werden, daß die leichten Unfälle oder sogar die Beinahe-Verletzungen den weitaus größten Teil ausmachen, und zwar nicht nur zahlenmäßig, sondern auch kostenmäßig. Erfahrungen in vielen Betrieben bestätigen schließlich die Wirtschaftlichkeit guter Arbeitssicherheit.

Schließlich sei auf die vielen rechtlichen Verpflichtungen hingewiesen, die in erster Linie den Unternehmer, aber bei entsprechender Betriebsorganisation auch andere Führungskräfte verpflichten. Formalrechtlich ist für das gesamte Geschehen in einem Betrieb der Unternehmer verantwortlich. Von einer bestimmten Betriebsgröße an ist der Unternehmer in dieser Hinsicht allerdings sehr schnell überfordert. Er kann nicht mehr übersehen, was die einzelnen Mitarbeiter machen, schon gar nicht, wie sie etwas machen. Dennoch muß er für eine fehlerhafte Kalkulation oder eine beanstandete Arbeit seiner Mitarbeiter ebenso einstehen wie für deren Schutz gegen Gefahren für Leben und Gesundheit.

So stellt u. a. § 2 der „Allgemeinen Vorschriften" der Unfallverhütungsvorschriften die Untenehmerverantwortung für die Unfallverhütung an exponierter Stelle heraus.

§ 2 UVV „Allgemeine Vorschriften" (VBG 1)

(1) Der Unternehmer ist dafür verantwortlich, daß in seinem Unternehmen die zur Verhütung von Arbeitsunfällen notwendigen Einrichtungen

geschaffen und die erforderlichen Anordnungen und Maßnahmen getroffen werden. Er hat die Durchführung zu überwachen.

(2) Anlagen und technische Arbeitsmittel haben den Unfallverhütungsvorschriften und im übrigen den allgemein anerkannten Regeln der Technik zu entsprechen. Die Unfallverhütungsvorschriften und die allgemein anerkannten Regeln der Technik sind bei allen Arbeitsvorgängen einzuhalten.

(3) Von den allgemein anerkannten Regeln der Technik darf nur abgewichen werden, soweit die gleiche Sicherheit auf andere Weise gewährleistet ist.

(4) Bei Mängeln sind unverzüglich Maßnahmen zur Abwendung drohender Gefahren zu treffen; erforderlichenfalls sind die Anlagen und technischen Arbeitsmittel der Benutzung zu entziehen.

Diese Bestimmungen sind aus § 708 RVO abgeleitet, wonach die Berufsgenossenschaften Unfallverhütungsvorschriften zu erlassen haben. Darüber hinaus gibt es entsprechende Bestimmungen im BGB, HGB u. a. m. Der Unternehmer muß nicht alle Pflichten persönlich erfüllen. Ihm steht gemäß § 121 GewO das Direktionsrecht zu, wonach er Ort, Zeit, Art und Umfang der Arbeit gewerblicher Arbeitnehmer bestimmen und auch die zu übernehmende Verantwortung festlegen kann. Bisher wurde bei dem Umfang der zu übertragenden Pflichten nach zwei Kategorien unterschieden: Die uneingeschränkte Übertragung auf Betriebsleiter oder Leiter von Betriebsteilen enthält u. a. auch die Pflicht, im Rahmen der jeweiligen Vollmacht Schutzvorrichtungen und Einrichtungen zu schaffen, die sich aus Bauvorschriften ergeben, während dies auf die eingeschränkte Übertragung auf andere Beauftragte nicht zutrifft. Beide Kategorien von Pflichtenübertragungen waren nach § 775 RVO vom Unternehmer vorzunehmen. Aus der neuen Regelung nach § 130 OWiG ergibt sich, daß der Unternehmer nur den Führungskräften seine Pflichten zu übertragen hat, die den Betrieb bzw. das Unternehmen ganz oder zum Teil verantwortlich leiten.

Dieser Personenkreis wiederum kann im Rahmen seines Direktionsrechts im eigenen Verantwortungsbereich die übertragene Unternehmerverantwortung im Interesse einer wirksamen Unfallverhütung auf geeignete Mitarbeiter formlos delegieren. Das Übertragen von Pflichten hat in jedem Fall schriftlich zu erfolgen. Statt in Beweisschwierigkeiten zu kommen, ist es für alle Beteiligten vorteilhaft zu wissen, wem welche Pflichten für welchen Bereich übertragen worden sind.

Auf die zum Teil sehr drastischen Strafbestimmungen[80] kann hier nur hingewiesen werden.

9.3 Welche besonderen Aufgaben haben Führungskräfte?

Neben den ihnen gegebenenfalls übertragenen gesetzlichen Pflichten – entsprechende Einrichtungen zu schaffen, Anordnungen zu treffen und ärztliche Untersuchungen zu veranlassen – müssen die Vorgesetzten ihre Führungsaufgaben in Fragen der Arbeitsgestaltung und Arbeitssicherheit auf jeden Fall wahrnehmen. Dazu gehört z. B. das vorbildliche Verhalten beim Tragen persönlicher Schutzausrüstungen sowie die Teilnahme an Betriebsinspektionen und Sicherheitsveranstaltungen. Der Vorgesetzte sollte seine Mitarbeiter bei Verbesserungsvorschlägen unterstützen und selbst Sicherheitsideen entwickeln.

Einige Merksätze für die Arbeitssicherheit zeigen die vielschichtige Verantwortung, die ein Vorgesetzter zu tragen hat:

Glauben Sie nicht: Mir kann nichts passieren! Die Tatsachen sprechen dagegen: Bei Männern bis zu 45 Jahren sind heute sogar in erster Linie Unfälle die Todesursache.

Trotzdem: Jeder Unfall ist vermeidbar. Unfälle sind kein Verhängnis, dem man nicht entgehen kann. Sicherheitsvorschriften und Schutzmaßnahmen machen heute an allen Arbeitsplätzen eine sichere Arbeit möglich.

Aber: Mit Fehlhandlungen und Irrtümern muß man immer rechnen. Menschen sind keine Maschinen. Und Maschinen lassen sich nicht immer ohne weiteres narrensicher machen. Sicherheitsvorschriften und Schutzmaßnahmen müssen sich mit sicherheitsgerechtem Verhalten und Verantwortung paaren.

Bedenken Sie stets: Arbeitssicherheit ist eine Führungsaufgabe. Wenn ein Mitarbeiter verunglückt, ist der Vorgesetzte oft mitschuldig. Er hat den Arbeitsplatz nicht richtig durchdacht oder seine Mitarbeiter nicht intensiv genug zu sicherheitsgerechter Arbeit angehalten.

Denn: Verantwortlich für die Arbeitssicherheit ist der unmittelbare Vorgesetzte. Die Qualität eines Vorgesetzten erkennt man u. a. an der Unfallhäufigkeit in seinem Bereich. Seine Bemühungen auf diesem Gebiet bringen

80 Vgl. zu den Strafbestimmungen ausführlich: Neumann, E. (1972), Gr. 3, S. 48 ff.

nicht nur Sicherheit für seine Mitarbeiter, sondern beeinflussen auf die Dauer auch sein eigenes Fortkommen.

Berücksichtigen Sie: Auch leichtere Unfälle können schwerwiegende Folgen haben. Es gibt keine Bagatellunfälle; nehmen Sie darum einen Unfall nie auf die leichte Schulter, auch wenn die Folgen nicht so schwerwiegend erscheinen.

Denken Sie daran: Schutzvorrichtungen sind besser als Ermahnungen. Die wirksamste Maßnahme gegen Verletzungen ist gefahrlose Technik. Wo sich diese nicht verwirklichen läßt, ist eine Abschirmung der Gefahr erforderlich. Eine Forderung nach erhöhter Aufmerksamkeit ist die schlechteste Maßnahme.

Außerdem: Verstöße gegen die Unfallverhütungsvorschriften werden bestraft. Nicht nur der Gesetzgeber hat harte Strafen für schuldhaftes Verhalten vorgesehen. Auch betriebliche Disziplinarmaßnahmen können den Schuldigen treffen. Vergessen Sie nie: Es gibt kein höheres Gut als die Gesundheit. Von der Gesundheit hängt auch das Wohl der Familien ab. Sicherheit geht vor Schnelligkeit, auch im Straßenverkehr – ein Drittel aller Arbeitsunfälle sind Wegeunfälle. Tragen Sie daher stets und überall dazu bei, daß nicht durch Unaufmerksamkeit, Nachlässigkeit, falschen Ehrgeiz oder Alkoholgenuß Unfälle entstehen.

Sicherheitsgerechtes Verhalten gehört zu einer einwandfreien Arbeitsleistung; Arbeitsgestaltung und Arbeitssicherheit zu den Führungsaufgaben eines Vorgesetzten.

10. Umweltbewußte Betriebsführung

Die wachsende Knappheit vieler Güter bürdet uns die Verantwortung auf, die natürlichen Lebensgrundlagen in intakter Verfassung weiterzuvererben. Eine über die Regenerationsfähigkeit hinausgehende Verminderung der Ressourcen beeinträchtigt die zukünftige Existenz der Menschen. Darum ist langfristiges Denken verstärkt notwendig.

Nun sind begrenzte Ressourcen[81] in Unternehmen nichts Neues. Das gilt nicht nur für Rohstoffe oder Märkte, sondern auch für Kapital und qualifizierte Mitarbeiter. Unternehmerische Entscheidungen werden meist unter dem Gesichtspunkt der Knappheit gefällt. Auf die Umwelt bezogen schlägt sich dies bisher noch kaum in den Preisen nieder.

Auf die Umweltherausforderung kann grundsätzlich in dreifacher Weise reagiert werden: Ein Produkt, das nicht umweltverträglich ist, sollte nicht mehr auf den Markt gebracht werden, wie wir es heute schon aufgrund der Kundenwünsche bei zahlreichen Produkten, z. B. 2-Takt-Motoren oder PCB-haltigen Holzschutzmitteln, kennen. Die zweite Reaktionsmöglichkeit besteht darin, die Belastung nach Möglichkeit zu begrenzen. Das gilt für die Produktion wie für die fertigen Produkte. Eine dritte, in der Zukunft stärker in den Vordergrund tretende Alternative wäre, die Chancen zur Innovation stärker zu nutzen.

Die Bereitschaft zu umweltrelevanten erfolgreichen Innovationen ist um so größer, je besser die wirtschaftlichen Voraussetzungen dafür sind. Dabei ist Wachstum eine Voraussetzung für langfristige Innovation. Natürlich brauchen wir besonders in der Anfangsphase auch eine staatliche Förderung, die durch ihre Rahmensetzung die Innovation begünstigt.

Bei der umweltbewußten Betriebsführung[82] ergeben sich oft Schwierigkeiten aus den tatsächlichen oder vermeintlichen Gegensätzen zwischen Ökonomie und Ethik.

Leider wird der Umweltschutz heute noch oft dazu benutzt, kurzfristig politsche Vorteile zu erreichen. Nicht selten bleibt es bei Lippenbekenntnissen, da der Mut fehlt, für wirklichen Umweltschutz einzustehen.

Nach einer Umfrage des Bundesverbandes der Deutschen Industrie ist bei rund 75% der Betriebe Umweltschutz ein Teil der Unternehmenspolitik. Die umweltrelevanten Probleme werden in vielen Firmen als Chefsache behandelt.

---

81 Vgl. grundlegend: Institut für Ökologie und Unternehmensführung/Institut für Wirtschaft und Gesellschaft (1989)

82 Vgl. dazu: Bundesvereingung der Deutschen Arbeitgeberverbände (1990)

Ein umweltfreundliches Klima wird begünstigt, wenn die wirtschaftlichen Voraussetzungen stimmen und sich auch die Vertreter der Technologie und der Naturwissenschaften besonders für Umweltschutz interessieren.

10.1 Umweltfreundliche Führung

Die Möglichkeiten auch der Klein- und Mittelbetriebe, großen Einfluß auf eine positive Umweltgestaltung auszuüben, werden oft unterschätzt. Sie dürfen aber mit Recht besondere Unterstützung durch Verbände und durch den Staat erwarten. Auf jeden Fall müssen sie aber innerhalb des Unternehmens darauf hinwirken, daß das Umweltbewußtsein bei Führungskräften und Mitarbeitern gefördert wird.

Dazu ist oft viel Überzeugungsarbeit notwendig. Ob in Besprechungen oder Seminaren, die Leitung sollte keine Gelegenheit versäumen, Führungskräfte, Arbeitnehmervertreter und Mitarbeiter entsprechend zu motivieren. Ähnlich wie Fragen der Arbeitssicherheit könnten Umweltgedanken auf Betriebsversammlungen behandelt werden. Das Vorbild des Chefs gilt besonders in Klein- und Mittelbetrieben.

Sehr wichtig ist die Aufnahme der Ideen durch junge Menschen, die in erstaunlich großem Maße der Förderung des Umweltgedankens positiv gegenüberstehen. Broschüren von verschiedenen Einrichtungen wie dem Bundesdeutschen Arbeitskreis für umweltbewußtes Management e. V. (B.A.U.M.) stehen zur Verfügung. Wettbewerbe, Motivation zu Verbesserungsvorschlägen durch Plakate und andere Anschläge bis hin zu Preisen im Rahmen des betrieblichen Vorschlagswesens können dabei helfen.

Es geht aber nicht nur um die Mitarbeiter selbst, sondern ihr Verhalten strahlt auch meistens auf die Familien aus. Nachahmenswerte Maßnahmen können auch über die Medien Anregungen geben.

Umweltorientierte Unternehmensführung setzt voraus, daß Führungskräfte und Mitarbeiter mit umweltorientiertem Denken und Handeln vertraut gemacht werden. Dazu gehört auch, das Umwelt- und Qualitätsbewußtsein durch Aus- und Weiterbildungsmaßnahmen entsprechend zu fördern. Ein Schwerpunkt muß dabei sein, schon beim Marketing darauf zu achten, umweltschonende Produkte anzustreben. Gute betriebliche Umweltarbeit erhält oder verbessert auch das Image des Unternehmens. Dabei darf nicht unerwähnt bleiben, daß oft neue Techniken gerade die Triebkräfte für Mehrbeschäftigung und saubere Umwelt sind.

10.2 Umweltorientierte Materialbeschaffung und Entsorgung

Nicht nur die Produkte, die ein Unternehmen selbst erzeugt, sollten hohen Anforderungen an den Umweltschutz genügen, sondern auch schon das zu beschaffende Material muß entsprechend ausgewählt werden. Der Einkauf hat hierauf einen sehr starken Einfluß. Umweltschonende Vorprodukte erleichtern die Umweltschutzmaßnahmen des Unternehmens.

So sollte z. B. für den umweltorientierten Einkauf eine ökologieorientierte Materialbewirtschaftung darauf achten, nicht-umweltfreundliche Produkte durch andere Einkaufsgüter zu ersetzen, die keine schädlichen Stoffe enthalten, keine schädlichen Emissionen bei der Produktion hervorrufen und nur unbelastete Abfälle erzeugen, weniger Chemikalieneinsatz benötigen und schließlich zu einem geringeren Wasser- und Energieverbrauch führen.

Vielfach werden die Qualitätsansprüche an kurzlebige Verbrauchsgüter so überzogen, daß z. B. umweltfreundliches Papier nur sehr schwer verwendet werden kann. Auch gilt es zu beachten, daß die Beschaffung teurerer umweltfreundlicher Materialien im Endeffekt billiger ist, wenn die Entsorgungskosten berücksichtigt werden. Eine manchmal vorhandene schematische Orientierung des Einkäufers am billigsten Angebot und ein enges Ressortdenken müssen zukünftig gemessen werden an den Kosten der Entsorgung und der Arbeit in anderen Unternehmensbereichen.

Einkauf und Produktion müssen auch unter Entsorgungsgesichtspunkten gesehen werden, die einen theoretischen Preisvorteil langfristig zunichte machen können. Darum werden in der Wirtschaft zukünftig die Entsorgungsprobleme eine immer größere Rolle spielen. Um sie zu vermindern, müssen auch die Beschäftigten über den Energiebedarf bei unterschiedlichen Einsatzbereichen und über die notwendige rationelle Energienutzung informiert werden.

So sind z. B. eine Verringerung des Wasserverbrauchs, eine vernünftige Wassertemperatur und eine wirtschaftliche Warmwasserbereitung genauso anzustreben wie eine Begrenzung der Kühlwassermengen. Wenn der Beschaffer auch für die Entsorgung verantwortlich ist, wird er vernünftiger einkaufen.

10.3 Umweltgerechtes Verhalten fördern

Ganz entscheidend für den betrieblich praktizierten Umweltschutz ist das Verhalten der Mitarbeiter, die dabei helfen sollen, Räume nicht zu überheizen, nicht genutzte Gebäudeteile nicht zu beleuchten, unnütze Leerlaufzeiten von Maschinen und Anlagen zu vermeiden sowie auch falsches Fahrverhalten bei Fahrzeugen. Korrektes Umweltverhalten sollte belohnt werden.

Natürlich sind alle diese Anregungen schon aus Gewohnheitsgründen nur allmählich umzusetzen. Darum ist immer wieder die Motivation und Beratung auch von Kräften außerhalb des Unternehmens notwendig, damit eine umweltbewußte Unternehmensführung verstärkt werden kann und der oft beschworene Gegensatz zwischen Ökologie und Ökonomie geringer wird, denn dieser Gegensatz besteht weniger zwischen Ökologie und Ökonomie selbst, sondern zwischen dem ökologischen und ökonomischen Verhalten der Menschen, die umlernen müssen.

Zahlreiche Untersuchungen zeigen, daß in der Bevölkerung das Umweltbewußtsein immer stärker ausgeprägt wird und die Sensibilisierung der Konsumenten für umweltproblematische Produkte ansteigt. Um so wichtiger ist aktives umweltorientiertes Verhalten der Unternehmen. Es hilft bei der langfristigen Unternehmensstabilisierung bei Produktumstellungen in Erwartung gesetzlicher Restriktionen und hilft, den manchmal noch vorhandenen Gegensatz zwischen ökonomischen und ökologischen Zielen zu vermindern. Eine umweltorientierte Unternehmensführung ist keine leichte Aufgabe, die halbherzig angegangen werden kann, nur um staatliche Auflagen zu erfüllen. Ähnlich wie bei der Arbeitssicherheit und Arbeitsgestaltung gibt sie die Chance, langfristig sehr erfolgreich zu wirken. Auch der Kunde belohnt umweltfreundliche Unternehmen immer stärker.

11 Der neue EG-Binnenmarkt

Während des Endspurts zur Vollendung des EG-Binnenmarkts am 1. Januar 1993 hören und lesen wir oft, die deutschen und davon besonders die kleinen und mittleren Betriebe seien noch nicht aktiv genug.[83] Das wäre langfristig sicher sehr nachteilig.

Andererseits zeigen Befragungen, z. B. des RKW[84], daß sich 70% der Unternehmen zwar erst seit kurzem, dafür aber sehr intensiv mit den Problemen des EG-Binnenmarktes befassen.

Während die meisten Unternehmen bei den Bereichen Produktion und Marketing gelassen bleiben, sehen sie auf dem Gebiet der Weiterbildung der Mitarbeiter, der Information, Kommunikation und Beratung noch Defizite.

Nach der Änderung des EWG-Vertrags durch die Europäische Einheitliche Akte sind statt des bisherigen Einstimmigkeitsprinzips in allen binnenmarktrelevanten Fragen Entscheidungen mit einer qualifizierten Mehrheit möglich. Im Bereich der Sozialpolitik wurde ein neuer Artikel 118 a EWGV eingeführt, der Entscheidungen mit qualifizierter Mehrheit ermöglicht für Maßnahmen, die der Verbesserung der „Arbeitsumwelt" dienen. Das Europäische Parlament will ihn möglichst weit auslegen, andere verstehen ihn im herkömmlichen Sinne des Wortes. Dahinter steht die Frage, wieviel Regelungskompetenz die Gemeinschaft in der Sozialpolitik überhaupt hat oder haben soll.

Die Gründer der Gemeinschaft haben bewußt die Sozialpolitik – von einigen ganz präzisen Ausnahmen abgesehen – aus dem EWG-Vertrag ausgeklammert, weil sie in hohem Maße als „nationale" Politik betrachtet wird, von unterschiedlichen Traditionen geprägt und in sehr unterschiedlicher Weise ausgestaltet ist. Diese Zurückhaltung in der Frage einer gemeinschaftlichen Sozialpolitik ist auch nach der „Einheitlichen Akte" geblieben. Auch jetzt noch unterscheidet der EWG-Vertrag zwischen „sozialen Fragen", die gemäß Artikel 118 EWGV lediglich Gegenstand einer „engen Zusammenarbeit zwischen den Mitgliedstaaten" sind – also z. B. dem Arbeitsrecht und den Arbeitsbedingungen –, und solchen, die auf die Verbesserung der „Arbeitsumwelt" abzielen, um – nun folgt eine Eingrenzung – „die Sicherheit und die Gesundheit der Arbeitnehmer zu schützen". Konkret heißt das Harmonisierung auf EG-Ebene durch Einführung von

83 Vgl. o. V. (1990)
84 Vgl. Müller, H. (1990)

Mindestvorschriften, namentlich im Bereich der Sicherheit, des Gesundheitsschutzes und der Arbeitshygiene.

Manche sind der Meinung, daß die soziale Dimension der Gemeinschaft von Anfang an wesentlicher Bestandteil des europäischen Integrationsprozesses war, denn die Verbesserung der Lebens- und Arbeitsbedingungen war im Montan-Vertrag und in den Römischen Verträgen schon immer als eigenständiges Ziel der Gemeinschaft festgelegt worden.

Tatsächlich wurde die soziale Dimenson des Binnenmarktes weitgehend ausgeklammert, obwohl deren Realisierung die Arbeitsbedingungen erheblich beeinflussen wird.

11.1 Arbeitgeber und Gewerkschaften

Eine einheitliche europäische Sozialpolitik durch ein gemeinschaftlich verankertes Sozialrecht kann natürlich kein Nahziel der Gemeinschaft sein, da durch das Zusammenwachsen zu einem Binnenmarkt in verschiedenen Regionen und Wirtschaftszweigen Anpassungs- und Entwicklungsprobleme entstehen. Nach Meinung der Arbeitgeber wäre es auch falsch, den sozialen Dialog bis hin zu europäischen Tarifverträgen auszuweiten. Solche Verträge könnten die unterschiedlichen nationalen Gegebenheiten nicht abdecken und die regionalen und lokalen Unterschiede besonders bei den Arbeitskosten nicht ausgleichen. Das gilt besonders für die herausragende Stellung der Bundesrepublik, die in fast allen sozialen Standards eine Spitzenstellung innehat.

Die Gewerkschaften sehen insbesondere zwei Risiken, nämlich das Sozialkostengefälle und die mögliche „Flucht" aus einzelnen Arbeitsrechtordnungen, um dadurch kostenträchtige Vorschriften zu umgehen. Davon wären die Arbeitnehmer und Gewerkschaften direkt betroffen, aber auch das Interesse von Eigentümern und Management berührt. Dies gilt vor allem für kleine und mittlere Unternehmen, denn die internationalen Konzerne haben schon bisher eine internationale Zusammenarbeit praktiziert.

Von seiten der Gewerkschaften wird vor allen Dingen gefordert, daß die sozialen Errungenschaften, insbesondere im Arbeitsrecht und beim Arbeitsschutz, nicht als Hemmnisse auf dem Wege zur wirtschaftlichen Integration begriffen und dabei in Frage gestellt werden. Danach sollen EG-Regelungen, die z. B. weniger Schutz gewähren als nationale Regelungen, nur als Mindestnorm gefaßt werden.

Da es auf dem weiten Gebiet der Sozialpolitik nicht nur sehr unterschiedliche Regelungen gibt, sondern auch sehr verschiedene kulturelle Traditionen bestehen, wird eine Angleichung – auch wenn sie nur sehr langfristig vollziehbar ist – sehr schwierig sein. Nach Meinung z. B. der IG Metall sind Dauer und Gestaltung der Arbeitszeit ein wichtiger Bereich, denn die 35-Std.-Woche ist schon heute ein erklärtes Ziel aller europäischen Gewerkschaften. Danach soll eine bessere Verständigung über die Lage und die Verteilung der Arbeitszeit, Mindestbedingungen zur Gestaltung von Teilzeitarbeitsverhältnissen und vor allem die Sicherung des freien Sonntags erreicht werden. Auch sollten gemeinsame Absprachen auf dem Gebiet der Arbeitnehmerbeteiligung und der Arbeitsorganisation erfolgen.

11.2 Arbeitssicherheit und Arbeitsgestaltung

Während die sozialen Dimensionen des europäischen Binnenmarktes sich noch weitgehend im Entwicklungsstadium befinden, sind die Regelungen für das Gebiet der Arbeitssicherheit schon weitgehend getroffen. Mit der Richtlinie des Rates über die Durchführung von Maßnahmen zur Verbesserung der Sicherheit und des Gesundheitsschutzes der Arbeitnehmer am Arbeitsplatz sind jetzt Mindestnormen geschaffen, die auch bei Umzug in ein anderes EG-Land nicht unterschritten werden dürfen. Bei den drei Richtlinien, die der Minister im April 1989 einstimmig verabschiedet hat, handelt es sich vor allem um Mindeststandards für Sicherheit und Arbeitsschutz beim Benutzen von Maschinen, Apparaten und Anlagen.

Obwohl in den einzelnen Mitgliedstaaten z. T. schon seit Jahrzehnten sehr unterschiedliche Regelungen gelten – die auch weiter bestehen bleiben –, konnte man sich auf grundsätzliche, gemeinsame Vorschriften einigen.

Danach ist der Arbeitgeber in allen Fällen für die Organisation der Sicherheit im Betrieb verantwortlich. Allerdings enthalten die meisten Regelungen keinen eindeutigen systematischen Ansatz für die Risikoanalyse und die Ausarbeitung von Präventivmaßnahmen.

Die Pflicht der Arbeitnehmer zur Zusammenarbeit mit den Arbeitgebern im Hinblick auf die Förderung der Sicherheit am Arbeitsplatz wird in den Vorschriften dagegen explizit festgehalten.

In einer Reihe von Gesetzen und Verordnungen ist das Recht des Arbeitnehmers zur Niederlegung der Arbeit festgehalten, wenn die Arbeitsbedingungen ihn zur begründeten Annahme veranlassen, daß sie eine ernste und unmittelbare Gefährdung seines Lebens oder seiner Gesundheit darstellen.

Zum Teil sind die Arbeitnehmer im Notfall sogar dazu verpflichtet, innerhalb ihres Zuständigkeitsbereichs unmittelbare Maßnahmen zu ergreifen und den Arbeitgeber von potentiellen Gefahren in Kenntnis zu setzen.

Die Rechtsvorschriften der Mitgliedstaaten beruhen zwar alle auf der gleichen logischen Grundlage und zielen auf eine verstärkte Beteiligung der Arbeitnehmer an der Organisation der Arbeitssicherheit ab, die zur Verwirklichung dieses Ziels verabschiedeten Bestimmungen sind jedoch sehr unterschiedlich. Dabei kann zwischen drei Arten von Systemen zur Einbeziehung der Arbeitnehmer in die sicherheitsrelevanten Belange unterschieden werden:

1. Systeme, in denen die rechtmäßig eingesetzten Betriebsräte eine zentrale Position innehaben und die Sicherheitsbeauftragten oder -ausschüsse lediglich eine Nebenrolle spielen;

2. Systeme, in denen von Arbeitnehmern und Arbeitgebern gemeinsam gebildete Sicherheitsausschüsse das wichtigste Gremium für die Beteiligung darstellen;

3. Systeme, in denen zwar von Rechts wegen weder die Einsetzung von allgemeinen noch von spezifischen für den Gesundheitsschutz und die Sicherheit zuständigen Gremien vorgeschrieben ist, jedoch die Möglichkeit für die Benennung von für die Sicherheit zuständigen Arbeitnehmern oder Arbeitnehmervertretern eingeräumt wird.

In einigen Mitgliedstaaten spielen sowohl allgemeine als auch spezifische Gremien, deren Charakter weitgehend von den traditionellen Beziehungen der Sozialpartner zueinander geprägt wird, eine Rolle.

Inwiefern die Arbeitnehmervertreter ihren Aufgaben nachkommen und die ihnen eingeräumten Rechte ausüben können, hängt offensichtlich von mindestens drei Bedingungen ab, nämlich

- der Freistellung der Arbeitnehmervertreter zwecks Ausübung ihrer Funktionen,

- dem Schutz gegen Entlassung oder Benachteiligungen aufgrund ihrer Tätigkeiten als Arbeitnehmervertreter

und

- dem Recht auf eine einschlägige Ausbildung oder Freistellung zwecks Absolvierung einer solchen.

In den meisten Mitgliedstaaten sind Bestimmungen über die Freistellung der Arbeitnehmervertreter, eine einschlägige Ausbildung sowie für ihren Schutz gegen Benachteiligungen vorgesehen. Allerdings decken sich die zu diesem Zweck verabschiedeten Bestimmungen nicht ganz.

Die überwiegende Zahl der Mitgliedstaaten hat das allgemeine Recht der Arbeitnehmervertreter auf Information im Zusammenhang mit der Arbeitssicherheit gesetzlich verankert. Der Arbeitgeber ist grundsätzlich verpflichtet, die Arbeitnehmervertreter ausreichend oder angemessen zu informieren. Der Wortlaut der entsprechenden Bestimmungen variiert allerdings, und die Rechtsvorschriften sind in diesem Punkt in einigen Mitgliedstaaten detaillierter als in anderen. Zumeist sind die Bestimmungen dahingehend ausgestaltet, daß der Arbeitgeber verpflichtet ist, alle Informationen, die die Arbeitnehmervertreter billigerweise zur Durchführung ihrer Aufgaben benötigen, zur Verfügung zu stellen.

Die Arbeitgeber werden immer mehr dazu verpflichtet, Listen über Unfälle und im Unternehmen vorhandene Gefahrstoffe zu führen. In einigen Fällen haben die für die Sicherheit zuständigen Arbeitnehmervertreter das Recht auf Zugang zu diesen Aufzeichnungen und allen sicherheitsrelevanten Berichten und Dokumenten, die der Arbeitgeber laut Gesetz erstellen muß.

In allen Mitgliedstaaten sehen die Rechtsvorschriften Maßnahmen für die Erste Hilfe und die Brandbekämpfung vor. Allerdings wird oft nichts Näheres zur Zusammensetzung und Wartung der notwendigen Geräte und Einrichtungen, zu den personalmäßigen und ausbildungsrelevanten Anforderungen sowie zur Information der Arbeitnehmer ausgeführt.

Die aufgeführten Vorschriften haben den Charakter von Mindestregelungen und beschränken sich in der Regel nur auf die wesentlichen Aspekte. Die Rolle und die jeweiligen Verpflichtungen von Arbeitgeber und Arbeitnehmer bei der Verwirklichung der oben genannten Zielsetzungen sind jedoch definiert. Bestimmte Durchführungseinzelheiten können im Rahmen der einzelstaatlichen Rechtsvorschriften geregelt werden.

Ziel der vorgeschlagenen Maßnahmen ist stets der Schutz der Arbeitnehmer in allen Unternehmen, ungeachtet der Unternehmensgröße. Es sind allerdings Bestimmungen vorgesehen, die in einzelnen Fällen eine unternehmensgrößenspezifische Möglichkeit zur Differenzierung bei den verwaltungstechnischen Auflagen, allerdings ohne Beeinträchtigung des Schutzgrades, einräumen.

Aufgrund des sehr weit gefaßen Anwendungsbereichs betrifft dieser Vorschlag der EG auch Bereiche bzw. Arbeitsmittel, die bislang in verschiedenen Fällen durch die jeweiligen einzelstaatlichen Rechtsvorschriften für die Sicherheit am Arbeitsplatz überhaupt nicht oder nur unzulänglich abgedeckt waren. Da die in Deutschland praktizierten Vorschriften für den Arbeitsplatz hoch sind, bedeuten sie keine grundsätzliche Änderung für das bundesdeutsche Recht.

Die von den jeweiligen nationalen historischen, politischen und geographischen Umständen geprägte Entwicklung in den einzelnen Ländern der Gemeinschaft und die jeweilige wirtschaftliche Lage sind sehr unterschiedlich. Daher wird eine Angleichung ein sehr langfristiger Prozeß sein, in dessen Verlauf das hohe Niveau der Arbeitsschutzbestimmungen bestimmter Länder sich durchsetzen sollte.

Sehr unterschiedlich werden wohl auch die bisherigen Entwicklungen auf den Gebieten Arbeitslosenversicherung, Alterssicherung, Krankenversicherung und Mitbestimmung bei Einführung neuer Techniken bleiben.[85]

11.3 Ausbildungs- und Fähigkeitsnachweis

Die Angleichung der Ausbildungssysteme im Europäischen Binnenmarkt[86] bringt besonders bei den Betroffenen Probleme. Das vielfach beklagte unterschiedliche Alter bei Berufsanfang benachteiligt insbesondere die deutschen Schüler und Studenten. Die Wirtschaft sieht das wesentlich höhere Abschlußalter eines deutschen Studenten als Wettbewerbsnachteil für die Einstellung an. Die schon endgültig verabschiedete Richtlinie zur gegenseitigen Anerkennung von Hochschuldiplomen muß innerhalb von zwei Jahren in nationale Rechtsvorschriften umgesetzt werden. Das bedeutet, daß die deutschen Berufszugangsregelungen umgestaltet werden müssen, wodurch qualifizierten Angehörigen anderer EG-Mitgliedstaaten der Zugang zu allen Berufen in der Bundesrepublik offensteht.

Die Allgemeine Regelung steht im Zusammenhang mit einer Reihe anderer, bereits seit längerem bestehender EG-Richtlinien zur gegenseitigen Anerkennung von Befähigungsnachweisen für einzelne Berufe (z. B. Ärzte, Pharmazeuten und Architekten). Sie stellt jedoch insoweit einen wichtigen Schritt nach vorn dar, als sie, allgemein angelegt, auf alle noch nicht in Einzelrichtlinien geregelten Berufe Anwendung findet und auf jedwede vor-

85 Vgl. hierzu ausführlich: Zander, E. (1990 c)
86 Vgl. hierzu: o. V. (1989), S. 1 ff.

herige Harmonisierung von Studiengängen in den Mitgliedstaaten der Gemeinschaft verzichtet. Die bestehenden speziellen EG-Anerkennungsrichtlinien für einzelne Berufe gelten auch nach Erlaß der Allgemeinen Richtlinie fort. Soweit aber spezielle Bestimmungen nicht bestehen, wird in Zukunft die Anerkennung der „Diplome, Prüfungszeugnisse oder sonstigen Befähigungsnachweise" nach mindestens dreijährigem Hochschulstudium für Zwecke des Berufszuganges oder der Berufsausübung innerhalb der EG nach den Vorschriften der Allgemeinen Regelung erfolgen.

Die Richtlinie gilt für alle Befähigungsnachweise, die nach mindestens dreijähriger Hochschulausbildung erworben wurden. Sie erfaßt damit die Abschlüsse sämtlicher bei uns existierender Hochschulstudiengänge, d. h. Fachhochschuldiplome ebenso wie die Abschlüsse an Universitäten, Technischen Hochschulen und anderen Hochschulen.

Die Anerkennungsregelung stützt sich auf den Gedanken des gegenseitigen Vertrauens der Mitgliedstaaten in die Ausbildungen der anderen Mitgliedstaaten. Sie geht von dem Grundsatz aus, daß ein Berufsangehöriger, der im Heimat- oder Herkunftsland die für den Berufszugang erforderliche Ausbildung erworben hat, seinen Beruf auch in den anderen EG-Mitgliedstaaten zufriedenstellend ausüben kann. Natürlich gilt die Regelung nur für sogenannte „reglementierte" Berufe, d. h. für solche, deren Aufnahme oder Ausübung in einem Mitgliedstaat an den Besitz eines Diploms gebunden ist.

In Bereiche, in denen solche Reglementierungen nicht bestehen, greift die Richtlinie nicht ein. Das gilt für verschiedene Länder der EG mehr als für die Bundesrepublik Deutschland.

Wegen des umfassenden Anwendungsbereichs der Richtlinie sieht diese zum Ausgleich größerer Unterschiede in der Ausbildung in den Mitgliedstaaten gewisse „Anpassungsinstrumentarien" vor, die die Mitgliedstaaten zur Anwendung bringen können (nicht müssen). Im einzelnen handelt es sich um folgende möglichen zusätzlichen Anforderungen:

Wenn die Ausbildungsdauer, die der Zuwanderer nachweist, um mindestens ein Jahr unter der im Aufnahmestaat geforderten Ausbildungsdauer liegt, kann der Aufnahmestaat zusätzlich zum Diplom Berufserfahrung verlangen, die – bis zu einer Höchstdauer von vier Jahren – das Doppelte der fehlenden Ausbildungszeit nicht überschreiten darf. Hierbei handelt es sich um die normale Ausübung des Berufs zu den gleichen Bedingungen, zu denen Berufsanfänger auch sonst üblicherweise tätig sind.

Wenn die Ausbildung des Zuwanderers Fächer umfaßt, die sich inhaltlich wesentlich von den im Aufnahmestaat geforderten unterscheiden oder wenn die Berufsprofile im Herkunftsstaat und im Aufnahmestaat wesentlich unterschiedlich sind, dann kann der Aufnahmestaat vom Zuwanderer einen höchstens dreijährigen Anpassungslehrgang oder eine Eignungsprüfung verlangen. Nach einer zusätzlichen Klarstellung bestehen solche „wesentlichen Unterschiede“ nur dann, wenn in der Ausbildung des Zuwanderers Fächer fehlen, ohne die die zufriedenstellende Ausübung des Berufs im Aufnahmestaat unmöglich ist. Sofern diese Voraussetzungen erfüllt sind, entscheidet der Bewerber selbst, ob er den Lehrgang oder die Prüfung vorzieht. Lediglich für die rechtsberatenden Berufe kann der Aufnahmestaat das eine oder andere bindend vorschreiben. Will ein Mitgliedstaat dieses Bestimmungsrecht für weitere Berufe in Anspruch nehmen, kann er dies nur im Rahmen eines Gemeinschaftsverfahrens (Zustimmung der EG-Kommission).

Diese Anpassungsmechanismen gelten für alle Mitgliedstaaten und für alle Hochschulausbildungen in gleicher Weise. Sonderbestimmungen für die Abschlüsse bestimmter Hochschulformen, z. B. für Diplome deutscher Fachhochschulen, enthält die Regelung nicht. In jedem Fall muß der Aufnahmestaat durch einen Vergleich der Ausbildung des Bewerbers mit der bei ihm für den entsprechenden Beruf erforderlichen Ausbildung feststellen, ob eine Anerkennung ohne zusätzliche Bedingungen möglich ist oder ob zuvor einer der vorgesehenen Ausgleichsmechanismen zum Tragen kommt. Bei dieser Prüfung erfordert der Grundsatz des gegenseitigen Vertrauens in die Ausbildungen der Mitgliedstaaten eine liberale Handhabung und damit eine zurückhaltende Anwendung der möglichen Ausgleichsmechanismen.

Von diesen Regelungen werden nur diejenigen Angehörigen einer Berufsgruppe betroffen sein, die in einem anderen Mitgliedstaat der EG tätig werden wollen. Innerstaatliche Berufszugangsregelungen für Absolventen deutscher Hochschulen werden durch die Richtlinie nicht verändert werden.

12 Zukünftige Entwicklungen

Die wirtschaftliche und gesellschaftliche Entwicklung der westlichen Welt war bis zur Mitte der achtziger Jahre durch vielfältige Faktoren negativ belastet. Trotz deutlicher Verbesserungstendenzen insbesondere hinsichtlich des Wachstums des Bruttosozialprodukts sowie der Preisstabilität wird diese Krise nur allmählich überwunden. Das zeigt sich besonders deutlich an der sich nur zögernd verbessernden Lage auf dem Arbeitsmarkt. Die Probleme im Rahmen des Nord-Süd-Konflikts sind bisher ebenso ungelöst wie die Schuldenkrise, die nicht nur die Länder der sog. dritten Welt erfaßt hat. Während der drastisch gesunkene Ölpreis die Preisstabilität in den Industrienationen und in den ölimportierenden Ländern insgesamt verbessert hat, führt dieser Preissturz in den ölexportierenden Ländern zu einem neuen „Ölschock". Eine Stabilisierung scheint sich jetzt anzubahnen.

Die kommenden Jahre werden jedoch auch für die Industrienationen nicht zu einem „Energieschlaraffenland". So führt der Kernkraftwerksunfall in Tschernobyl mittelfristig zu finanziellen Belastungen für die Energiewirtschaft, unabhängig davon, für welchen Weg der Kernenergie sich die jeweiligen Regierungen entscheiden.

Einen wichtigen Schwerpunkt wird die Sicherheit der Arbeitsplätze einnehmen. Eine hohe Arbeitsproduktivität ist die Grundlage unseres Wohlstandes. Das gilt für alle Unternehmen, aber auch für die Arbeitnehmer, die zum größten Teil ihr Selbstwertgefühl und ihr Ansehen bei Arbeitslosigkeit gemindert sehen. Die notwendige Steigerung der Flexibilität[87] ist bei der Arbeitszeit nur durch gleichzeitige Verkürzung der Wochenarbeitszeit erreicht worden. Die Diskussion um die Flexibilisierung und Verkürzung der Arbeitszeit wird auch in den kommenden Jahren anhalten. Vielleicht ist es möglich, durch Freude an der Arbeit die starre Trennung von Arbeitszeit und Freizeit zu vermindern, wie dies seit Jahrhunderten in Kleinbetrieben praktiziert wird.

Aufgrund unseres hohen Niveaus von Löhnen und Gehältern sowie von Sozialnebenkosten muß die Arbeit in erster Linie qualitativ verbessert werden, will unsere Wirtschaft nicht gegenüber den Niedrigpreisländern kapitulieren. Darum werden die einfachen Tätigkeiten geistig anspruchsvolleren Beschäftigungen weichen müssen. Dies ist auch bei der Aus- und Weiterbildung zu beachten. Unser jetziges, oft praxis- und lebensfremdes Bildungssystem reicht dafür nicht aus. Neben guter Allgemeinbildung ist

---

87 Vgl. dazu ausführlich: Glaubrecht, H., Wagner, D., Zander, E. (1988)

die Fähigkeit zur verantwortungsvollen Teamarbeit und zum flexiblen Einsatz erforderlich.

12.1 Welche allgemeinen Tendenzen sind zu vermuten?

Schon immer waren die mittelständischen Unternehmen geprägt durch die Persönlichkeit und Tatkraft des Unternehmers, durch eine große Kundennähe und Servicebereitschaft sowie eine hohe Flexibilität. Zukünftig müssen sich die Klein- und Mittelbetriebe verstärkt auseinandersetzen mit einer Überlastung des Chefs und der Führungskräfte durch die Tagesgeschäfte, einer wachsenden Abhängigkeit von Großabnehmern, einem Mangel an qualifiziertem Personal und den schon weitgehend eingeleiteten Arbeitszeitverkürzungen.

Konzentrationsprozesse

Die Konzentrationsprozesse werden in der Wirtschaft weitergehen, und der gemeinsame europäische Markt wird mit der Öffnung der Märkte einen stärkeren Wettbewerbsdruck zeigen. Da die großen Unternehmen meist schon stark im Export engagiert sind, wird der gemeinsame Binnenmarkt besonders Konsequenzen für kleine und mittlere Unternehmen haben. Die gegenseitige Anerkennung von Normen und Vorschriften sowie der Abbau der Grenzformalitäten bieten den mittelständischen Betrieben neue Exportchancen. Andererseits müssen sie aber auch mit verstärkter Konkurrenz und bahnbrechenden Entwicklungen in der Mikroelektronik und der Kommunikationstechnik rechnen.

Neue Informationstechniken

Nach verschiedenen Erhebungen und einer Studie des Instituts der Deutschen Wirtschaft setzen erst 20% der Unternehmen mit bis zu 10 Beschäftigten Informationstechniken wie z. B. Personal-Computer ein. Viele Betriebe kannten die Arbeits- und Einsatzmöglichkeiten von Einrichtungen wie Datenbanken und Btx[88] überhaupt nicht. Die Hauptgründe der relativ geringen Nutzung waren vor allem das Fehlen von Know-how und Fachpersonal, verwirrende Angebote ohne Markttransparenz, mangelnde Information, unqualifizierte Beratung und schließlich die häufigen Vorurteile.

88 Vgl. Ischebeck, W. (1988)

Qualifikation der Unternehmensführung

Die kommenden Jahre werden im Zeichen einer allgemein stärkeren Hinwendung zur Marktwirtschaft stehen. Zwar gibt es auch bei uns vereinzelt Tendenzen zur gegensätzlichen Ideologisierung und Bürokratisierung, aber die Entwicklung zu mehr Marktwirtschaft ist nicht mehr aufzuhalten, nachdem der Sozialismus auch in den Ostblockstaaten der Marktwirtschaft weicht. Für die Wirtschaft heißt das, es werden wieder mehr Führungspersönlichkeiten als Manager gefragt. Während eine Führungspersönlichkeit hierarchiefrei führt und aus innerer Überzeugung das Unternehmen vorantreibt, wird der Manager beherrscht, reserviert und nüchtern Methoden und Techniken anwenden. Führungspersönlichkeiten arbeiten weniger professionell und formal, zeichnen sich aber durch Vitalität und Entschlossenheit aus. Sie lieben die Vielfalt und Besonderheit und gewähren ihren Mitarbeitern die notwendige Freiheit.

In mittelständischen Unternehmen waren schon immer Führungspersönlichkeiten stärker vertreten als Manager. Wenn es dem Chef dann auch gelingt, dies im eigenen Bereich zu praktizieren, sind gute Voraussetzungen für ein erfolgreiches Wirken geschaffen.

Qualifikation der Mitarbeiter

Wie sich nach Untersuchungen des Instituts für Arbeitsmarkt- und Berufsforschung der Bundesanstalt für Arbeit der Arbeitskräftebedarf nach Qualifikation bis zum Jahre 2000 ändern soll, zeigt die Übersicht auf der folgenden Seite.

Bevor nun jedoch Maßnahmen für eine Zusatz- oder Weiterqualifikation der Arbeitnehmer eingeleitet werden, gilt es, eine Reihe von Kriterien zu überprüfen. H. Browa[89] hält für ein erfolgreiches Vorgehen bei einer innovationsorientierten Personalentwicklung u. a. folgende Fragen für sinnvoll:

- Welche Innovationspotentiale eröffnen sich dem Betrieb (aufgrund von technischen, wissenschaftlichen und organisatorischen Neuerungen) kurzfristig, mittelfristig und langfristig?
- Welches Fach- und Marktwissen muß zusätzlich erworben werden, um die Innovationsmöglichkeiten erkennen und nutzen zu können?

89 Vgl. Browa, H. (1988)

Qualifikationsgruppen und Veränderungszeitraum / Funktionsbereiche		a) Produktionsfunktionen, z. B. handwerkliche Tätigkeiten, Maschinenbedienung, Reparatur	b) Handelsfunktionen, Transport, Lagerhaltung, Vertrieb	c) Bürofunktionen, Entscheidungsvorbereitung, Sachbearbeitung etc.	d) Disposition, F+E etc.	e) Beratung, Aus- und Weiterbildung, Kommunikationsaufgaben etc.	f) sonstige Dienstleistungsfunktionen, z. B. Reinigung, Bewirtung	insgesamt
1. geringe Qualifikation: kein beruflicher Ausbildungsabschluß einschließlich berufl. Praktikum	1982 bis 1990	– 858	– 328	– 161	– 94	– 72	– 132	– 1647
	1990 bis 2000	– 757	– 291	– 164	– 71	– 5	– 237	– 1525
2. indifferente Qualifikation: Abschluß einer Lehr-/Anlernausbildung oder gleichwertiger Berufsfachschulabschluß	1982 bis 1990	+ 119	+ 160	+ 71	+ 278	+ 12	+ 47	+ 686
	1990 bis 2000	+ 88	+ 147	– 14	+ 368	+ 3	+ 35	+ 629
3. höhere Qualifikation: Meister-/Techniker oder gleichwertiger Abschluß	1982 bis 1990	+ 8	– 20	– 3	+ 66	– 40	+ 2	+ 13
	1990 bis 2000	+ 4	– 19	– 5	+ 83	– 49	– 2	+ 10
4. höchste Qualifikation: Fachhochschul- (auch Ingenieurschul-) bzw. Hochschulabschluß	1982 bis 1990	+ 10	+ 23	+ 62	+ 153	+ 380	+ 7	+ 632
	1990 bis 2000	+ 22	+ 34	+ 146	+ 233	+ 465	+ 19	+ 920
insgesamt	1982 bis 1990	– 720	– 168	– 32	+ 403	+ 279	– 77	– 315
	1990 bis 2000	– 646	– 127	– 37	+ 613	+ 415	– 185	+ 33

- Wo können zusätzliche Mitarbeiter eingestellt werden, durch die das neue Wissen importiert werden kann (Know-how-Transfer durch Personen-Transfer)?
- Welche Innovationswiderstände bestehen bei welchen Personen und Organisationseinheiten?
- Wie können die Widerstände reduziert oder verändert werden, damit die Innovationspotentiale besser genutzt werden können (z. B. Qualitätszirkel, Wertanalyseteams, Konflikt- und Risikotraining)?
- Welche Innovationsbrücken sind vorhanden bzw. entstehen voraussichtlich aufgrund externer und interner Veränderungen?
- Welche Innovationsfähigkeiten (Fach- und Managementwissen, Konfliktlösungsfähigkeit, Informationsmanagement etc.) sind bei den Mitarbeitern und Organisationseinheiten vorhanden (Stärken)?
- Welche Innovationsfähigkeiten müssen entwickelt werden, d. h., wo liegen Innovationsschwächen?

Steigende Qualitätsansprüche

In einem Hochlohnland mit extrem niedriger Arbeitszeit muß Qualität im Vordergrund stehen. Qualität schaffen und sichern gilt als wichtiges Zukunftsziel. Qualitätssicherung darf nicht nur als Aufgabe von Spezialisten angesehen werden. Viele Qualitätsprobleme sind heute Führungsprobleme. Ein hoher Qualitätsstandard wird vor allem dann erreicht, wenn alle Führungskräfte dies als ihre persönliche Führungsaufgabe sehen[90]. Das ist nicht selbstverständlich, denn bei einer Analyse in Maschinenbauunternehmen kannten 44% der Befragten die Qualitätskosten nicht, und 17% ermitteln sie überhaupt nicht.

Zukünftige Aufgaben der Personalpolitik

Von der aufgezeigten Entwicklung werden die betriebliche Mitarbeiterführung und die Personalarbeit stark beeinflußt. Aufgabe der Personalpolitik ist es, die berechtigten Interessen und Bedürfnisse der Mitarbeiter mit den Unternehmenszielen in Einklang zu bringen. Personalarbeit, die diese Balance nicht findet, wird in vielen Bereichen scheitern müssen. Dafür sor-

90 Vgl. Kramer, W. (1988), S. 350 ff.

gen schon die gesellschaftspolitischen Einflüsse, denen sich die betriebliche Personalführung in wachsendem Maße ausgesetzt sieht.

Sehr deutlich ist das heute und wohl auch in der Zukunft in der betrieblichen Sozialpolitik zu spüren, wo die Gesetzgebung und Rechtsprechung den individuellen Handlungsspielraum der Unternehmen drastisch eingeschränkt haben.

Was dabei bedenklich stimmt, ist die bürokratische Einengung des Handlungsspielraums für die Betriebe. Damit wird nur zu leicht das Gegenteil dessen bewirkt, was eigentlich beabsichtigt war. So geraten manche gesetzliche Forderungen – wie etwa beim Schwerbehindertengesetz – schließlich zum Nachteil für die zu Schützenden.

Die Mitbestimmung in Unternehmen und Betrieben erweitert Einflußmöglichkeiten von Gewerkschaften und Betriebsräten. Dies zwingt alle Beteiligten zu besserer Kooperation; Konfrontation dagegen würde eine Behinderung der betrieblichen Arbeit bedeuten.

In unserer sozialen Umwelt werden veraltete Maßstäbe aufgehoben, neue Faktoren müssen beachtet werden. Faktisch alle Unternehmen stehen in dieser Entwicklung, und die betrieblichen Vorgesetzten werden dabei einbezogen[91]. Mit anderen Worten: Das Leben in den Unternehmen wird politisiert, zumindest in dem Sinne, daß Sachbezogenheit und Sachkenntnis als Fähigkeiten der Führungskraft künftig nicht mehr ausreichen. Selbstverständlich bleibt fachliche Qualifikation nach wie vor die unverzichtbare Grundlage. Aber – sie allein reicht nicht mehr aus. Aufgeschlossenheit für Entwicklungen in unserer Gesellschaft, politisches Interesse, Bereitschaft zur Kooperation und Fähigkeit zum Ausgleichen von Spannungen und Konflikten müssen hinzukommen.

Dabei muß einer Tendenz entgegengewirkt werden, nach der in der Personalarbeit Sachgesichtspunkte immer häufiger hinter sogenannten politischen Erwägungen zurücktreten; denn ökonomische Vernunft und sachliche Arbeit haben immer Vorrang. Verschiedene Formen der Mitbestimmung müssen wegen ihres steigenden Einflusses auf die Personalarbeit und damit auf betriebliche Geschehnisse als eine bedeutsame Gefahrenquelle angesehen werden, die zugunsten politischer Faktoren Sachaspekte immer mehr zurückdrängt.

Technische Veränderungen und gewerkschaftliche Forderungen ziehen als Konsequenz Systematisierung und Nivellierung in der Entgeltpolitik nach

91 Vgl. Zander, E. (1990), S. 194 ff.

sich; der Tendenz, Leistungsentgelte zu vermindern, sollte begegnet werden. Auch wenn gelegentlich Arbeitnehmervertreter die Differenzierung nach Leistung bejahen, verfolgen sie die Politik, Leistungsentgelte zu beseitigen, obwohl diese gerade von leistungsstarken und leistungswilligen Mitarbeitern gefordert werden. Sinnvolle Entgeltsysteme einzuführen oder aufrechtzuerhalten wird schwieriger.

Die Verbesserung der Arbeitsgestaltung[92] (Humanisierung der Arbeit) ebenso wie die Gleichbehandlung von Arbeitern und Angestellten[93] sind Hauptaufgaben betrieblicher Personalpolitik.

Der Humanisierung der Arbeit wird schon in naher Zukunft eine wichtige Rolle zufallen. Ein weites Betätigungsfeld, in dem sich die Glaubwürdigkeit unserer Forderung, der Mensch müsse im Mittelpunkt der Personalarbeit stehen, beweisen muß.

Auf allen hier angesprochenen Gebieten erfolgreiche Arbeit zu leisten, setzt voraus, daß agiert wird und nicht nur reagiert. In der Personalpolitik wird auf Dauer nur der mitbestimmen können, der diese Aufgaben in die Zukunft[94] gerichtet gestaltet und löst. Bloße Reaktion wird das Verhaltensmuster der Trägen und Unentschlossenen bleiben.

In unserer auf Wettbewerb und Leistung, aber auch im angemessenen Rahmen auf sozialer Partnerschaft beruhenden Wirtschaftsordnung werden die Aktiven – mehr denn je – ihre Aufgaben erfolgreich lösen!

12.2 Wie sollten sich mittlere und kleinere Unternehmen verhalten?

Sie sollten vor allem die Vorteile nutzen, die sie durch ihre Betriebsgröße besitzen. In einem Arbeitskreis zum Thema „Warum sind kleinere und mittlere Unternehmen sicherer zu führen?" heißt es dazu:

- Sie können durch größere Überschaubarkeit und straffere Führung schneller entscheiden.
- Die Mitarbeiter können direkter für die Unternehmensziele motiviert werden. Es gibt bessere Möglichkeiten, sie am Erfolg zu beteiligen.

---

92 Vgl. Krause, H., Zander, E. (1982), S. 12 ff.
93 Vgl. Zander, E. (1981), S. 157 ff.
94 Vgl. Knebel, H., Zander, E. (1984), S. 95 ff.

- Ihre Überschaubarkeit ermöglicht bessere Kontrollen des gesamten Betriebsablaufes.
- Gerade bei schwierigen Marktkonstellationen kann der Eigentümer meist schnellere Entscheidungen treffen.

Die kleineren und mittleren Unternehmen können sich flexibel den Mitarbeitervorstellungen – sowohl qualitativ als auch quantitativ – anpassen. Vielseitiger Personaleinsatz und flexible Arbeitszeit einschließlich der verschiedenen Formen von Teilzeitarbeit können dabei helfen. Allerdings müssen die Führungskräfte, die die auf jeden Fall schwierigeren Führungsaufgaben erfolgreich lösen sollen, Möglichkeiten zur Weiterbildung erhalten.

Eine weniger formelle Hierarchie und eine – leider erst wenig ausgeschöpfte – Beteiligung der Mitarbeiter am Unternehmen können hilfreich sein, damit mittlere und kleinere Unternehmen sich erfolgreich und anpassungsfähig auf Marktverhältnisse einstellen können. Wegen dieser möglichen Vorteile ist die volkswirtschaftliche und gesellschaftliche Funktion mittlerer und kleinerer Betriebe sehr hoch einzuschätzen.

Zur Schlußveranstaltung des 3. Europäischen Management Symposiums in Davos hatten Teilnehmer Grundsätze zur Ethik einer Unternehmensführung vorgelegt, die große Beachtung fanden. Die deutsche Fassung sei im Wortlaut wiedergegeben:

Berufliche Aufgabe der Unternehmensführung ist es, Kunden, Mitarbeitern, Geldgebern und der Gesellschaft zu dienen und deren widerstreitende Interessen zum Ausgleich zu bringen.

1. Die Unternehmensführung muß den Kunden dienen. Sie muß die Bedürfnisse der Kunden bestmöglich befriedigen. Fairer Wettbewerb zwischen den Unternehmen, der größte Preiswürdigkeit, Qualität und Vielfalt der Produkte sichert, ist anzustreben. Die Unternehmensführung muß versuchen, neue Ideen und technologischen Fortschritt in marktfähige Produkte und Dienstleistungen umzusetzen.

2. Die Unternehmensführung muß den Mitarbeitern dienen, denn Führung wird von den Mitarbeitern in einer freien Gesellschaft nur dann akzeptiert, wenn gleichzeitig ihre Interessen wahrgenommen werden. Die Unternehmensführung muß darauf abzielen, die Arbeitsplätze zu sichern, das Realeinkommen zu steigern und zu einer Humanisierung der Arbeit beizutragen.

3. Die Unternehmensführung muß den Geldgebern dienen. Sie muß ihnen eine Verzinsung des eingesetzten Kapitals sichern, die höher ist als der Zinssatz aus Staatsanleihen. Diese höhere Verzinsung ist notwendig, weil eine Prämie für das höhere Risiko eingeschlossen werden muß. Die Unternehmensführung ist Treuhänder der Geldgeber.

4. Die Unternehmensführung muß der Gesellschaft dienen.
   Die Unternehmensführung muß für die zukünftigen Generationen eine lebenswerte Umwelt sichern. Die Unternehmensführung muß das Wissen und die Mittel, die ihr anvertraut sind, zum Besten der Gesellschaft nutzen. Sie muß der wissenschaftlichen Unternehmensführung neue Erkenntnisse erschließen und den technischen Fortschritt fördern. Sie muß sicherstellen, daß das Unternehmen durch seine Steuerkraft dem Gemeinwesen ermöglicht, seine Aufgabe zu erfüllen. Das Management soll sein Wissen und seine Erfahrungen in den Dienst der Gesellschaft stellen.
   Die Dienstleistung der Unternehmensführung gegenüber Kunden, Mitarbeitern, Geldgebern und der Gesellschaft ist nur möglich, wenn die Existenz des Unternehmens langfristig gesichert ist. Hierzu sind ausreichende Unternehmensgewinne erforderlich. Der Unternehmensgewinn ist daher notwendiges Mittel, nicht aber Endziel der Unternehmensführung.

Vielleicht ermuntern diese sicher nicht von allen zu akzeptierenden Formulierungen auch die Führungskräfte in kleineren und mittleren Unternehmen, trotz der oft drückenden täglichen Arbeit gesellschaftspolitisch in eine mögliche Zukunft zu sehen.

12.3 Weiterbildung in Klein- und Mittelbetrieben

Eine wesentliche Grundvoraussetzung für den Erfolg von Unternehmen ist die fundierte berufliche Qualifikation ihrer Mitarbeiter. Dieser Satz hat gerade für kleine und mittlere Unternehmen eine besondere Bedeutung.

Nun verfügen viele dieser Unternehmen über keine eigene Weiterbildungsabteilung. Die Verantwortung für die Weiterbildung ist meist mit anderen Verantwortungsbereichen wie z. B. Ausbildung, Produktion, Entwicklung, Rechnungswesen kombiniert. Auch ist es in der Regel so, daß weite Bereiche der Weiterbildung nicht innerbetrieblich abgedeckt werden können, so daß man auf externe Angebote angewiesen ist. Diese gehen jedoch oft inhaltlich und organisatorisch an den Voraussetzungen und Zielen der Betriebe und ihrer Mitarbeiter vorbei.

Als Partner der kleinen und mittleren Unternehmen bieten sich neben einer Vielzahl freier Träger vor allem die Bildungswerke der Wirtschaft (Anschriften s. Seite 162) sowie die Bildungseinrichtungen von Kammern und Verbänden an. Dort bemüht man sich, der besonderen Interessenlage und den Bedingungen und Anforderungen im Bildungsbedarf der Klein- und Mittelbetriebe gerecht zu werden.

Demnach sollten die Unternehmen nicht darauf verzichten, sich möglichst umfassende Informationen über das außerordentliche Weiterbildungsangebot zu beschaffen. Dazu gehören insbesondere

- die Bedarfsnähe und Aktualität,
- die Kosten,
- die Lernorganisation und die Inhalte (Lehrkräfte, Methoden, Medieneinsatz, Zeitbedarf usw.)

der Veranstaltungen.

Eine neue Variante bei der Weiterbildung in Klein- und Mittelbetrieben ist der zwischenbetriebliche Verbund, der Mitte der 80er Jahre vom Bildungswerk der Hessischen Wirtschaft gemeinsam mit hessischen Betrieben im Rahmen des vom Bundesminister für Bildung und Wissenschaft entwickelten Aktionsprogramms „Neue Technologien in der beruflichen Bildung" erprobt wurde[95]. Dabei ging es um die PC-Qualifizierung für kaufmännische Mitarbeiter sowie um eine Weiterbildung in der Bedienung, Installation, Instandhaltung und Wartung für Facharbeiter. Die Schulung und Schulungsvorbereitung erfolgten in sogenannten Ankerbetrieben (z. T. Großunternehmen), die über entsprechende Erfahrung in diesen Bereichen verfügten. Die Koordination und Vermittlung der Unternehmen und Teilnehmer lagen beim Bildungswerk. Die nachstehende Ablaufskizze dokumentiert das Modell.

Bei der Weiterbildung in Klein- und Mittelbetrieben stehen meist weniger Probleme der Betriebsorganisation oder der Führung im Vordergrund, sondern mehr fachspezifische Fragestellungen. Dabei geht es zum einen um die Anpassung an die technische Entwicklung (neue Werkstoffe, neue Maschinen und neue Arbeitstechniken), zum anderen um die Aktualisierung des kaufmännisch-betriebswirtschaftlichen Know-hows.

Dennoch sollten kleine und mittlere Betriebe nicht verkennen, daß auch Fragen der Führung, Interaktionsmechanismen und organisatorische

95 Vgl. Reichling, J. (1987)

Gesichtspunkte zunehmend Gewicht gewinnen, wenn das kreative Potential der Mitarbeiter effektiv genutzt werden soll. Dazu gehört auch, daß man in der Lage ist, anstehende Betriebsprobleme miteinander zu diskutieren.

Weiter gilt es, die Weiterbildungsbereitschaft der Mitarbeiter zu fördern[96]. Diese Bereitschaft ist in vielen Fällen noch nicht so ausgeprägt, wie es eigentlich wünschenswert wäre. Dies hat sicher auch damit zu tun, daß es kleinen Betrieben, zumal Handwerksbetrieben, schwerer fällt, jemanden freizustellen. Z. B. kann ein Betrieb mit zehn Beschäftigten einen Mitarbeiter, der an einer Weiterbildungsmaßnahme teilnimmt, nicht einfach durch

Abb. 24: **Fortbildungsmodell des Bildungswerkes**

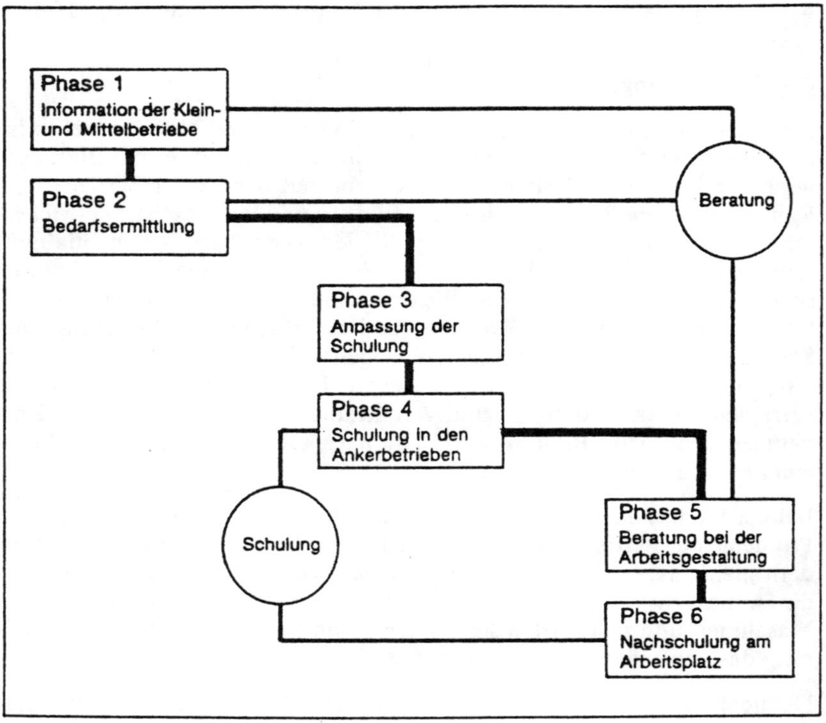

96 Vgl. dazu ausführlich: Schwalbe, H., Zander, E. (1990)

eine ABM[97]-Kraft oder einen anderen Mitarbeiter ersetzen. Insofern spielen bei kleineren Unternehmen berufsbegleitende Bildungsmaßnahmen bzw. Fernlehrgänge eine nicht unerhebliche Rolle.

Daneben gibt es eine Reihe zusätzlicher Weiterbildungsmöglichkeiten, die sich nicht allein in der Durchführung von betrieblichen Seminaren erschöpfen. Neben Einführungsseminaren, die die Einführung neuer Mitarbeiter in das Unternehmen begleiten, sind vor allem Weiterbildungsmaßnahmen am Arbeitsplatz zu nennen. Auf Seite 161 sind in einer Übersicht die wichtigsten Weiterbildungsformen nach der Unterscheidung zwischen inner- und außerbetrieblicher Weiterbildung dargestellt.

Bei der beruflichen Weiterbildung sind die Vorschriften der §§ 96, 97 und 98 BetrVG[98] zu berücksichtigen. Danach ist dem Arbeitgeber und dem Betriebsrat auferlegt, im Rahmen der betrieblichen Personalplanung die Berufsbildung zu fördern.

Auf Verlangen des Betriebsrats hat der Arbeitgeber alle Fragen der Berufsbildung mit dem Betriebsrat zu erörtern. Der Betriebsrat kann eigene Vorschläge machen, ihre Durchführung kann er jedoch nicht erzwingen. Eine Beratungspflicht besteht für den Arbeitgeber, wenn betriebliche Einrichtungen zur Berufsausbildung errichtet oder ausgestattet werden, betriebliche Berufsbildungsmaßnahmen eingeführt werden oder Mitarbeitern die Teilnahme an außerbetrieblichen Bildungsmaßnahmen ermöglicht werden soll[99]. Unter § 97 fallen beispielsweise die Schaffung, Ausstattung oder Änderung einer Lehrwerkstatt, einer Lehrecke oder eines Unterrichtsraumes, die betriebsinterne Durchführung einer Vortrags- oder Seminarreihe und die Entsendung von Mitarbeitern zu Vorträgen und Seminaren externer Veranstalter.

Ein Mitbestimmungsrecht hat der Betriebsrat dagegen bei der Durchführung von betrieblichen Bildungsmaßnahmen[100], gleichgültig, ob es sich um Maßnahmen der Erstausbildung, der Fortbildung, der Umschulung oder um sonstige Maßnahmen der Berufsbildung handelt. Dieses Mitbestimmungsrecht erstreckt sich aber nur auf die Aufstellung allgemeiner Regeln und Grundsätze, nicht auf die Durchführung einzelner konkreter Maßnahmen; z. B. nicht auf die Übertragung der Lehraufgabe an einen bestimmten Vorarbeiter, die Auswahl einer Fortbildungsveranstaltung aus dem Katalog

97 ABM = Arbeitsbeschaffungsmaßnahme
98 Diese Vorschriften sind im Anhang I im Wortlaut abgedruckt.
99 Vgl. § 97 BetrVG
100 Vgl. § 98 Abs. 1 BetrVG

der Angebote und die Benennung der einzelnen Mitarbeiter, die an einer Bildungsmaßnahme teilnehmen sollen.

Der Betriebsrat besitzt aber ein Vorschlagsrecht nach § 98 Abs. 3 BetrVG für die Teilnahme einzelner Mitarbeiter oder Gruppen von Mitarbeitern an betrieblichen Berufsbildungsmaßnahmen und außerbetrieblichen Maßnahmen der Berufsbildung, wenn der Arbeitgeber die Mitarbeiter hierfür freistellt oder die entstehenden Kosten ganz oder zum Teil trägt.

Die Einigungsstelle entscheidet nach § 98 Abs. 4 BetrVG verbindlich, wenn sich Arbeitgeber und Betriebsrat nicht über die Durchführung von betrieblichen Berufsbildungsmaßnahmen oder über Vorschläge für die Teilnahme an Berufsbildungsmaßnahmen einigen können.

Aus den oben aufgezeigten Problemen wird deutlich, daß die mittelständische Wirtschaft – in ihr arbeitet immerhin mehr als die Hälfte aller Arbeitnehmer in der Bundesrepublik Deutschland – noch einen erheblichen Nachholbedarf bei der Weiterbildung hat. Es genügt nicht, bei anstehenden Problemen einen Berater „ins Haus zu holen“ und darauf zu vertrauen, daß damit alle Schwierigkeiten beseitigt sind.

Ziel der mittelständischen Wirtschaft muß es sein, nicht nur ausreichend qualifizierte Führungskräfte und Mitarbeiter anzuwerben, sondern auch die vorhandenen Beschäftigten entsprechend zu entwickeln und ihnen auch die erforderlichen Weiterbildungsmöglichkeiten zu bieten. Dabei kann die im Anhang folgende Checkliste gute Dienste leisten.

Stillstand ist Rückstand. Das wird besonders in den nächsten Jahren – auch im Hinblick auf den EG-Binnenmarkt 92 – deutlich werden, wenn sich die Unternehmensleitung – bei oft verständlicher Überlastung durch die Tagesarbeit – nicht um die langfristige Entwicklung kümmert.

Anhang I: Weiterbildung

A. Checkliste für eine Weiterbildungsmaßnahme

1. Wer soll geschult werden?

2. Was soll erreicht werden?

- Anpassung von Kenntnissen und Fertigkeiten an betriebliche Anforderungen
- Anpassung an fachliche und betriebliche Neuerungen
- Erweiterung und Vertiefung von Kenntnissen und Fertigkeiten
- Berufliche Umstellung für neue Aufgaben aufgrund von Betriebsänderungen, personellen Erfordernissen oder sozialen Gegebenheiten
- Aneignung von Kenntnissen und Fertigkeiten auf anderen oder peripheren Fachgebieten
- Verbesserung von Fähigkeiten im Arbeitsverhalten, z. B. Verkaufstechnik, Arbeitsorganisation, Entscheidungstechnik und Problemlösung, Zeiteinteilung und Kreativität
- Verbesserung von Fähigkeiten im Sozialverhalten, z. B. Kooperations- und Kommunikationstraining, Führungstechnik, Betriebssoziologie, Gruppendynamik, Sozialpsychologie, Gesprächsführung
- Erweiterung der Allgemeinbildung, z. B. Sprachen, technologische, naturwissenschaftliche, wirtschafts- und gesellschaftspolitische Themen

3. Wo, wie lange, wie oft, durch wen soll geschult werden?

- Innerbetriebliche Schulung mit betrieblichen Referenten
- Innerbetriebliche Schulung mit externen Referenten
- Im Betrieb/außerhalb des Betriebes
- Externe Schulung durch einen entsprechenden Veranstaltungsträger

4. In welcher Art soll die Schulung erfolgen?

- Vorwiegend freiwillig
- Vorwiegend obligatorisch

- Innerhalb der Arbeitszeit
- In der Freizeit (z. B. Fernlehrgang)
- Mit voller betrieblicher Finanzierung
- Mit finanzieller Beteiligung des Mitarbeiters
- Problemorientiert gestaltet
- Betriebsspezifisch gestaltet
- Teilnehmerorientiert
- Standardisiert geboten

5. Welche pädagogischen Elemente sind zu berücksichtigen?

- Bildungsinhalt
- Unterrichtsmethoden
- Darstellungsmedien

B. Formen der Weiterbildung

Einen guten Überblick über die vielen Weiterbildungsformen gibt die folgende Übersicht[101]:

Abb. 25: **Weiterbildungsformen**

Weiterbildungsformen

	am Arbeitsplatz (on the job) z. B.	**in Seminaren** (formale Weiterbildung)	**im Selbststudium** (self development) z. B.
intern	1. Einzel- oder Gruppenunterweisungen 2. Jobrotation 3. Ausprobieren/selber tun 4. Gezielte Urlaubsvertretung oder Übernahme von Sonderaufträgen 5. Auszubildende einweisen und unterweisen 6. Erfahrungsaustausch zwischen Kollegen 7. Beratungsgespräche mit Vorgesetzten	für den einzelnen z. B. 1. Vortrag/Referat 2. Lehrgespräche 3. Fallstudien 4. Planspiele/ Rollenspiele 5. Gruppenarbeiten 6. Video-aufzeichnungen 7. Projektarbeit 8. Workshops für geschlossene Arbeitsgruppen 9. Teambildungs-gruppen 10. Feldstudien	1. Anschauungs- und Informations-material des Betriebes 2. Programmierte Unterweisungen oder interaktive Videoprogramme 3. Sprachlaborübungen (Kassetten) 4. Lehrfilme oder Tonbildschauen aus eigener Herstellung
extern	1. Einsatz an Arbeitsplätzen bei befreundeten Betrieben 2. Unterweisungen bei den Hersteller-firmen 3. Nationaler oder internationaler Arbeits-/Lerneinsatz	1. Regionale oder überregionale, private oder staatliche Veranstaltungen/ Tagungen/Lehrgänge/Seminare 2. Internationale Seminar- Angebote/ Studiengänge 3. Aufbaustudien an Fachhochschulen, Hochschulen u. a.	1. Fernstudium 2. Bücher, Lernkassetten u. ä. 3. Lehrgänge im Fernsehen oder käufliche Selbstlernprogramme

101 Vgl. Jacobi, J. (1989), S. 4

C. Bildungswerke der Wirtschaft

Bildungswerk der Baden-Württembergischen Wirtschaft e. V.
Haus Steinheim (Postfach 152), 7141 Steinheim (Murr),
Telefon (07144) 3221

Bildungswerk der Bayerischen Wirtschaft e. V.
Brienner Straße 7/1, 8000 München 2,
Telefon (089) 220661

Bildungswerk der Berliner Wirtschaft e. V.
Am Schillertheater 2, 1000 Berlin 12,
Telefon (030) 310050

Bildungswerk der Hessischen Wirtschaft e. V.
Heddernheimer Landstraße 155, 6000 Frankfurt a. M. 50,
Telefon (069) 575081

Bildungswerk der Niedersächsischen Wirtschaft e. V.
Schiffgraben 36, 3000 Hannover,
Telefon (0511) 8505-261

Bildungswerk der Nordrhein-Westfälischen Wirtschaft e. V.
Uerdinger Straße 58/62, 4000 Düsseldorf 30,
Telefon (0211) 4573-1

Bildungswerk der Rheinland-Pfälzischen Wirtschaft e. V.
Boppstraße 16, 6500 Main 1 (Postfach 1552),
Telefon (06131) 674944

Bildungswerk der Südbadischen Wirtschaft e. V.
Lerchenstraße 6, 7800 Freiburg (Postfach 5128),
Telefon (0761) 24815

Bildungszentrum der Wirtschaft im Unterwesergebiet e. V.
Schillerstraße 10, 2800 Bremen,
Telefon (0421) 328445

Institut für Sozial- und Bildungspolitik Hamburg e. V.
Feldbrunnenstraße 56, 2000 Hamburg 13,
Telefon (040) 4102771

Studien- und Fördergesellschaft der
Schleswig-Holsteinischen Wirtschaft e. V.
Bildungsstätte Tannenfelde, 2356 Aukrug-Tannenfelde,
Telefon (04873) 180

D. Die Bestimmungen des BetrVG zur Weiterbildung

§ 96. Förderung der Berufsbildung. (1) Arbeitgeber und Betriebsrat haben im Rahmen der betrieblichen Personalplanung und in Zusammenarbeit mit den für die Berufsbildung und den für die Förderung der Berufsbildung zuständigen Stellen die Berufsbildung der Arbeitnehmer zu fördern. Der Arbeitgeber hat auf Verlangen des Betriebsrats mit diesem Fragen der Berufsbildung der Arbeitnehmer des Betriebs zu beraten. Hierzu kann der Betriebsrat Vorschläge machen.

(2) Arbeitgeber und Betriebsrat haben darauf zu achten, daß unter Berücksichtigung der betrieblichen Notwendigkeiten den Arbeitnehmern die Teilnahme an betrieblichen oder außerbetrieblichen Maßnahmen der Berufsbildung ermöglicht wird. Sie haben dabei auch die Belange älterer Arbeitnehmer zu berücksichtigen.

§ 97. Einrichtungen und Maßnahmen der Berufsbildung. Der Arbeitgeber hat mit dem Betriebsrat über die Errichtung und Ausstattung betrieblicher Einrichtungen zur Berufsbildung, die Einführung betrieblicher Berufsbildungsmaßnahmen und die Teilnahme an außerordentlichen Berufsbildungsmaßnahmen zu beraten.

§ 98. Durchführung betrieblicher Bildungsmaßnahmen. (1) Der Betriebsrat hat bei der Durchführung von Maßnahmen der betrieblichen Berufsbildung mitzubestimmen.

(2) Der Betriebsrat kann der Bestellung einer mit der Durchführung der betrieblichen Berufsbildung beauftragten Person widersprechen oder ihre Abberufung verlangen, wenn diese die persönliche oder fachliche, insbesondere die berufs- und arbeitspädagogische Eignung im Sinne des Berufsbildungsgesetzes nicht besitzt oder ihre Aufgaben vernachlässigt.

(2) Führt der Arbeitgeber betriebliche Maßnahmen der Berufsbildung durch oder stellt er für außerbetriebliche Maßnahmen der Berufsbildung Arbeitnehmer frei oder trägt er die durch die Teilnahme von Arbeitnehmern an solchen Maßnahmen entstehenden Kosten ganz oder teilweise, so kann der Betriebsrat Vorschläge für die Teilnahme von Arbeitnehmern oder Gruppen von Arbeitnehmern des Betriebs an diesen Maßnahmen der beruflichen Bildung machen.

(4) Kommt im Fall des Absatzes 1 oder über die nach Absatz 3 vom Betriebsrat vorgeschlagenen Teilnehmer eine Einigung nicht zustande, so entscheidet die Einigungsstelle. Der Spruch der Einigungsstelle ersetzt die Einigung zwischen Arbeitgeber und Betriebsrat.

(5) Kommt im Fall des Absatzes 2 eine Einigung nicht zustande, so kann der Betriebsrat beim Arbeitsgericht beantragen, dem Arbeitgeber aufzugeben, die Bestellung zu unterlassen oder die Abberufung durchzuführen. Führt der Arbeitgeber die Bestellung einer rechtskräftigen gerichtlichen Entscheidung zuwider durch, so ist er auf Antrag des Betriebsrats vom Arbeitsgericht wegen der Bestellung nach vorheriger Androhung zu einem Ordnungsgeld zu verurteilen; das Höchstmaß des Ordnungsgeldes beträgt 20 000 Deutsche Mark. Führt der Arbeitgeber die Abberufung einer rechtskräftigen gerichtlichen Entscheidung zuwider nicht durch, so ist auf Antrag des Betriebsrats vom Arbeitsgericht zu erkennen, daß der Arbeitgeber zur Abberufung durch Zwangsgeld anzuhalten sei; das Höchstmaß des Zwangsgeldes beträgt für jeden Tag der Zuwiderhandlung 500 Deutsche Mark. Die Vorschriften des Berufsbildungsgesetzes über die Ordnung der Berufsbildung bleiben unberührt.

(6) Die Absätze 1 bis 5 gelten entsprechend, wenn der Arbeitgeber sonstige Bildungsmaßnahmen im Betrieb durchführt.

Anhang II: Wichtige arbeitsrechtliche Entscheidungen

Die Industrie- und Handelskammer Koblenz fand in einer Umfrage bestätigt, daß Rechtsstreitigkeiten mit dem Personal in mittelständischen Unternehmen fast immer Chefsache sind. Während in den meisten Großbetrieben eine eigene Rechtsabteilung besteht, sind in mittelständischen Betrieben juristisch ausgebildete Mitarbeiter eher noch die Ausnahme.

Da aber immer häufiger vom Vorgesetzten gefordert wird, daß er aus einer schwierigen Situation heraus sofort Fragen der Mitarbeiter beantworten oder sogar Entscheidungen fällen kann, wurden im Anhang entsprechende aktuelle arbeitsrechtliche Entscheidungen zusammengestellt. Dabei war eine Beschränkung[102] auf die Streitfälle notwendig, die in den letzten Jahren vermehrt an die Vorgesetzten herangetragen wurden.

Übersicht: Seite

102 Vgl. dazu ausführlich: Glaubrecht, H., Halberstadt, G., Zander, E. (1977 ff.)

Innerbetriebliche Stellenausschreibung
– § 93 BetrVG –

Der Betriebsrat kann bekanntlich eine innerbetriebliche Stellenausschreibung verlangen, § 93 BetrVG. Er kann dabei jedoch dem Arbeitgeber nicht vorschreiben, welche Anforderungen er in der Ausschreibung nennt.

Wenn allerdings der Arbeitgeber in einer einschlägigen Zeitungsanzeige geringere Anforderungen nennt als in der innerbetrieblichen Ausschreibung, so steht dem Betriebsrat ein Widerspruchsrecht aus § 99 Abs. 2 Ziff. 5 BetrVG zu, wenn der Arbeitgeber einen Bewerber einstellen möchte, der sich aufgrund der Zeitungsanzeige gemeldet hatte.

BAG vom 23.2.1988 (Az: 1 ABR 82/86) – DB 1988, S. 1452

Weiterbeschäftigung als „Einstellung"
– § 99 BetrVG –

Der Begriff der Einstellung i. S. des § 99 Abs. 1 BetrVG wird von der Rechtsprechung der Arbeitsgerichte seit eh und je weit ausgelegt: Jede Eingliederung eines Arbeitnehmers in die arbeitsorganisatorische Einheit „Betrieb" gilt als Einstellung, gleichgültig, auf welcher rechtlichen Basis sie erfolgt oder ob eine solche Grundlage überhaupt existiert.

Das Bundesarbeitsgericht gibt dem Betriebsrat darüber hinaus ein Mitbestimmungsrecht gem. § 99 BetrVG auch dann, wenn der Arbeitnehmer bereits in den Betrieb eingegliedert ist, sein Vertrag jedoch – z. B. wegen Erreichens der Altersgrenze – ausläuft und verlängert werden soll.

Das oberste Arbeitsgericht hat diese Rechtsprechung jetzt ausdrücklich bestätigt, dabei allerdings klargestellt, daß nicht die Vertragsverlängerung der Mitbestimmung bedarf, sondern die tatsächliche Weiterbeschäftigung im Betrieb.

BAG vom 12.7.1988 (Az.: 1 ABR 85/86) – DB 1988, S. 1556

Keine Auskunftspflicht bezüglich des Arbeitsvertrags
– § 99 BetrVG –

Der § 99 Abs. 1 BetrVG verpflichtet den Arbeitgeber, dem Betriebsrat anläßlich einer Einstellung einschlägige Unterlagen vorzulegen und bestimmte Auskünfte zu erteilen.

Von dem Auskunftsanspruch wird der Inhalt des Arbeitsvertrags in der Regel nicht erfaßt, d. h., der Arbeitgeber braucht dem Betriebsrat weder den Arbeitsvertrag vorzulegen noch Auskunft über seinen Inhalt zu geben. Davon ausgenommen sind lediglich Auskünfte über Art und Dauer der vorgesehenen Beschäftigung sowie die beabsichtigte Eingruppierung.

BAG vom 18.10.1988 (Az.: 1 ABR 33/87) – DB 1989, S. 530

Mitbestimmung bei Leiharbeitnehmern
– § 99 BetrVG –

Es hat sich immer noch nicht bis zu jedem Arbeitgeber herumgesprochen, daß der Betriebsrat des Entleihunternehmens ein Beteiligungsrecht bei der Beschäftigung von Leiharbeitnehmern hat. Dieses Beteiligungsrecht ist jedoch in Art. 1 § 14 Abs. 3 AÜG ausdrücklich angeordnet.

Der Betriebsrat kann die gem. § 99 Abs. 1 BetrVG erforderliche Zustimmung mit der Begründung verweigern, es handele sich um eine – verbotene – Überlassung für mehr als sechs aufeinanderfolgende Monate. Gerade die längerfristige Beschäftigung von Leiharbeitnehmern könne – so das BAG – Arbeitsplätze der Stammbelegschaft gefährden. Damit seien die vom Betriebsrat zu wahrenden kollektiven Belegschaftsinteressen berührt.

BAG vom 28.9.1988 (Az.: 1 ABR 85/87) – DB 1989, S. 434

Mitbestimmung bei Versetzungen
– §§ 99, 95 BetrVG –

Jeder Praktiker weiß: Das Beteiligungsrecht des Betriebsrats bei Versetzungen wirft vielfältige Probleme auf. Etwa bei der Frage, aus welchen Gründen der Betriebsrat einer Versetzung wirksam widersprechen kann. Anerkannt ist, daß der Widerspruch zulässig ist, wenn einem anderen Arbeitnehmer wegen der Versetzung der Verlust einer Rechtsposition droht.

Als widerspruchsbegründender Nachteil im Sinne von § 99 Abs. 2 Ziff. 3 BetrVG wird nunmehr auch angesehen, wenn für die in der Abteilung verbleibenden Arbeitnehmer durch die Versetzung die Arbeit rein tatsächlich in nicht unerheblichem Maße erschwert wird. Auf gut deutsch: Der Betriebsrat kann einer Versetzung mit dem Argument widersprechen, die Arbeit in der Abteilung werde durch den Weggang des Versetzten erheblich „verdichtet".

BAG vom 15.9.1987 (Az.: 1 ABR 44/86) – DB 1988, S. 128

Pauschale Sozialplanabfindungen
– § 112 BetrVG –

Betriebsschließungen bringen Arbeitnehmer oft in arge Bedrängnis. Und so entspricht es dem grundgesetzlichen Sozialplangebot, Nachteile aus solchen Betriebsänderungen auszugleichen oder wenigstens zu mildern.

Oft genug werden jedoch Sozialplanabfindungen pauschal, ohne Ansehen der Person, also an jedermann gezahlt, und zwar selbst dann, wenn Nachteile überhaupt nicht entstehen.

Der Gesetzgeber hat 1985 versucht, solchem Mißbrauch mit einem ins Gesetz neueingefügten Abs. 5 zu § 112 BetrVG zu steuern. Dort ist in Ziff. 1 gesagt, die Einigungsstelle solle bei Abfindungen auf den Einzelfall abheben. Tut sie das nicht und setzt gleichwohl pauschal Abfindungen fest, kann hierin ein Ermessensfehler liegen, der den Sozialplan unwirksam macht.

BAG vom 26.5.1988 (Az.: 1 ABR 11/87) – DB 1988, S. 2154

Entfernung von Schreiben aus der Personalakte
– § 83 BetrVG –

Der Arbeitnehmer kann verlangen, daß mißbilligende Äußerungen aus der Personalakte entfernt werden, wenn in ihnen unrichtige Tatsachenbehauptungen enthalten sind. Das leuchtet unmittelbar ein; die BAG-Entscheidung vom 27.11.1985 – 5 AZR 101/84 – spricht demnach nur etwas an sich Selbstverständliches aus.

Nun hat der gleiche 5. Senat seine Rechtsprechung weitergeführt und dem Arbeitnehmer einen Entfernungsanspruch auch dann gegeben, wenn die Sachverhaltsdarstellung richtig ist. Voraussetzung ist nur, daß der Vorgang zwar für die weitere Beurteilung des Mitarbeiters überflüssig, dennoch aber geeignet ist, ihn in seiner beruflichen Entwicklungsmöglichkeit fortwirkend zu beeinträchtigen.

BAG vom 13.4.1988 (Az.: 5 AZR 537/86) – DB 1988, S. 1702

Wirkung der vereinbarten Schriftform
– §§ 84 ff. BetrVG –

In den seltenen Beschwerdeverfahren nach den Vorschriften der §§ 84 ff. BetrVG spielt gelegentlich die Frage nach der Wirksamkeit mündlicher Abreden eine Rolle. Findet sich doch in den meisten Arbeitsverträgen der Passus, Änderungen des Vertrages bedürften der Schriftform. Freilich ist das nie so heiß gegessen wie gekocht worden: Viele Vertragsänderungen, wie z. B. die regelmäßig anfallenden Entgelterhöhungen, ermangeln in der Regel der vorgeschriebenen Schriftform und gelten dennoch.

Der 3. Senat des Bundesarbeitsgerichts hat diese Rechtsentwicklung jetzt – wenn auch leicht widerstrebend – bestätigt: Vertragsänderungen sind trotz vereinbarter Schriftform auch dann wirksam, wenn sie lediglich mündlich verabredet wurden. Voraussetzung ist nur, daß die Parteien die Geltung der mündlichen Vereinbarung wollten.

BAG vom 10.1.1989 (Az.: 3 AZR 460/87) – DB 1989, S. 1628

Einsicht in Entgeltlisten
– § 80 Abs. 2 BetrVG –

Nach § 80 Abs. 2 BetrVG hat der Betriebsrat – vertreten durch einen Ausschuß oder den Vorsitzenden – einen Anspruch auf Einsicht in die Liste der Bruttolöhne und -gehälter. Der Umfang dieses Einsichtsrechts im einzelnen ist seit eh und je umstritten.

Das Bundesarbeitsgericht hat jetzt seine ständige Rechtsprechung bestätigt, daß alle Entgeltbestandteile in die Liste gehören. Das gilt auch für übertarifliche Zulagen und für solche Zahlungen, die – wie Sonderzahlungen und Prämien für überdurchschnittliche Leistungen – nur an einzelne Arbeitnehmer geleistet werden.

BAG vom 10.2.1987 (Az.: 1 ABR 43/84) – DB 1987, S. 1152

Mißbrauch des Einsichtsrechts in die Entgeltlisten
– § 80 Abs. 2 BetrVG –

Die einst heftig umstrittenen Grundfragen des Rechts des Betriebsrats, Einblick in die Listen der Bruttlöhne und -gehälter zu nehmen, sind seit langem geklärt. Offen blieb bisher die Frage, ob dem einschlägigen Anspruch des Betriebsrats im Einzelfall der Einwand der unzulässigen Rechtsausübung entgegengesetzt werden könne.

Das Bundesarbeitsgericht hatte kürzlich einen Vorgang zu beurteilen, bei dem der Betriebsrat Erkenntnisse über die Höhe von AT-Zulagen, die er in Wahrnehmung seines Einsichtsrechts erworben hatte, in einer Veröffentlichung am Schwarzen Brett verwertete. Das Gericht sah hierin einen Verstoß gegen die Geheimhaltungspflicht des § 79 BetrVG und verwehrte dem Betriebsrat weitere Einsichtsrechte, bis er eine Erklärung abgibt, in Zukunft solche Veröffentlichungen unterlassen zu wollen.

BAG vom 14.5.1987 (Az.: 6 ABR 39/84) – DB 1988, S. 2569

Erforderlichkeit von Schulungsveranstaltungen
– § 37 Abs. 6 BetrVG –

Schulungsveranstaltungen fallen dann unter § 37 Abs. 6 BetrVG, wenn sie unter Berücksichtigung der konkreten Situation im Betrieb benötigt werden, also erforderlich sind. Das Bundesarbeitsgericht hat die Erforderlichkeit für Schulungen über Gesetzentwürfe dann verneint, wenn nach dem Stand des Gesetzgebungsverfahrens nicht damit gerechnet werden kann, daß der Entwurf ohne wesentliche Änderungen verabschiedet werden wird.

BAG vom 16.3.1988 (Az.: 7 AZR 557/87) – DB 1988, S. 1453

Tarifvertrag und Mitbestimmung
– § 87 BetrVG –

Nach § 87 BetrVG hat der Betriebsrat bei den dort aufgeführten sozialen Angelegenheiten nur mitzubestimmen, wenn u. a. eine einschlägige tarifliche Regelung nicht besteht. Dieser Tarifvorrang wird in jüngster Zeit vom Bundesarbeitsgericht immer mehr eingeschränkt.

So schließt der Tarifvorrang eine betriebliche Regelung nur noch dann aus, wenn der Tarifvertrag die Angelegenheit inhaltlich abschließend und zwingend regelt. Beschränkt sich hingegen die tarifliche Regelung darauf, lediglich das Alleinentscheidungrecht des Arbeitgebers wiederherzustellen, dann entfaltet eine solche Tarifnorm keine Wirkung. Im entschiedenen Fall räumte der Tarifvertrag dem Arbeitgeber das Recht ein, Überstunden in bestimmtem Umfang einseitig, d. h. ohne Mitwirkung des Betriebsrats anzuordnen. Dieser Regelung versagte das Bundesarbeitsgericht die Anerkennung.

BAG vom 18.4.1989 (Az.: 1 ABR 100/87) – DB 1989, S. 1676

Mitbestimmung bei Teilzeitarbeit
– § 87 Abs. 1 Ziff. 2 BetrVG –

Bisher war umstritten, ob der Betriebsrat ein Mitbestimmungsrecht hinsichtlich der Arbeitszeitregelung für Teilzeitbeschäftigte hat. Karstadt, Hertie und Kaufhof haben das Problem vor das Bundesarbeitsgericht gebracht und dort das Testat erhalten, ein solches Mitbestimmungsrecht bestehe.

Das BAG führt aus, der Betriebsrat könne lediglich bei der Dauer der wöchentlichen Arbeitszeit nicht mitbestimmen. Dagegen unterliegen seiner Mitbestimmung die folgenden Regelungen für Teilzeitkräfte:

– Beginn und Ende der täglichen Arbeitszeit einschließlich der Pausen;

– Verteilung der Arbeitszeit auf die Wochentage;

– tägliche Mindestarbeitszeit;

– Höchstzahl von Arbeitstagen je Woche.

Der Betriebsrat hat ein Initiativrecht und kann erforderlichenfalls die Einigungsstelle anrufen.

BAG vom 13.10.1987 (Az.: 1 ABR 69/86; 1 ABR 53/86; 1 ABR 10/86) – BB 1987, S. 2091

Mitbestimmung bei Jubiläumsfeiern
– § 87 Abs. 1 Ziff. 8 BetrVG –

Daß der Betriebsrat in Kantinenangelegenheiten mitzubestimmen hat, gehört in eingeweihten Kreisen mittlerweile zum gesicherten Wissensbestand. Kann der Betriebsrat das aber auch verlangen, wenn der Arbeitgeber – in Abänderung der bisherigen Praxis – zukünftig keine Jubiläumsfeiern oder auch Feierlichkeiten anderer Art von privatem Charakter in der Kantine mehr zulassen will?

Das Bundesarbeitsgericht hat dem Betriebsrat ein Mitbestimmungsrecht auch bei dieser Art von Nutzung zugesprochen. Maßgeblich war die Überlegung, dem Arbeitgeber stehe es zwar frei, eine Kantine einzurichten oder zu schließen, was aber in der Zeit ihrer Existenz dort geschehe, sei der betriebsrätlichen Mitbestimmung unterworfen.

BAG vom 15.9.1987 (Az.: 1 ABR 31/86) – BB 1988, S. 275

Anhörung bei Verdachtskündigung
– § 102 BetrVG –

Der Arbeitgeber darf einem Arbeitnehmer fristlos bzw. fristgerecht kündigen, wenn der Verdacht strafbarer Handlungen besteht. In diesem Falle gehört zur ordnungsgemäßen Anhörung des Betriebsrats, daß der Arbeitgeber dartut, er habe seiner Aufklärungspflicht genügt. Diese Darlegungspflicht kann der Arbeitgeber indessen nur erfüllen, wenn er den Arbeitnehmer zuvor zu dem Verdacht gehört hat.

Von dieser Regel darf ausnahmsweise nur dann abgewichen werden, wenn schon vorher feststeht, daß der Arbeitnehmer die Vorwürfe unsubstantiiert und pauschal bestreiten wird.

BAG vom 30.4.1987 (Az.: 2 AZR 283/86) – BB 1987, S. 2020

Themen der Betriebsversammlung
– § 45 BetrVG –

In Betriebsversammlungen können Angelegenheiten behandelt werden, die den Betrieb oder seine Arbeitnehmer unmittelbar betreffen, einschließlich solche tarif- und sozialpolitischer wie wirtschaftlicher Art. Nun ist die Versuchung viel zu groß, als daß man nicht immer wieder auch andere Themen an das Betriebsvolk bringen möchte. In Wahlzeiten verspüren z. B. Politiker jeder Couleur ein schier unüberwindbares Bedürfnis, in Betriebsversammlungen ihr soziales Engagement zur Schau zu stellen, und Gewerkschaften benutzen das Forum gern, um ihre Leistungen herauszustellen und Mitglieder zu werben.

Der Arbeitgeber ist dann oft „sauer" und will hinterher für eine derart „umfunktionierte" Veranstaltung keinen Lohn zahlen. Erfolgreich ist er mit seiner Verweigerung jedoch allenfalls dann, wenn er den Arbeitnehmern seine Bedenken gegen die Zulässigkeit der Behandlung solcher Themen vorher bekanntgibt, d. h. vor der Veranstaltung oder noch in der Versammlung. Ist sie erst einmal „gelaufen“, so kann er sich nicht mehr darauf berufen, es habe sich um eine unzulässige Versammlung gehandelt.

LAG Baden-Württemberg vom 17.2.1987 (Az.: 8 (14) Sa 106/86) – DB 1987, S. 1441

Protokollierung der Betriebsversammlung
– § 45 BetrVG –

Auf Betriebsversammlungen ist erfahrungsgemäß so allerlei zu hören, was dem Arbeitgeber sonst kaum gesagt wird. Manch einen reizt es dann, zu protokollieren, wer da was gesagt hat.

Das LAG Hamm hat dazu allerdings jetzt entschieden, daß der Arbeitgeber nicht berechtigt ist, für seine Zwecke ein Wortprotokoll über den Verlauf einer Betriebsversammlung anzufertigen. Das gilt jedenfalls dann, wenn der Betriebsrat der Protokollaufnahme ausdrücklich widersprochen hat. Also: Notizen: ja – Protokoll: nein.

LAG Hamm vom 9.7.1986 (Az.: 3 Ta BV 31/86) – BB 1987, S. 192

Mitbestimmung bei absolutem Alkoholverbot
– § 87 Abs. 1 Ziff. 7 BetrVG –

Es gibt bekanntlich kein gesetzliches absolutes Alkoholverbot während der Arbeitszeit. Ein solches absolutes Alkoholverbot ergibt sich auch nicht aus Unfallverhütungsvorschriften der Berufsgenossenschaft, nicht einmal für Kraftfahrer.

Will nun ein Arbeitgeber ein solches absolutes Alholverbot für seinen Betrieb, für Betriebsteile oder für bestimmte Arbeitnehmergruppen erlassen, so hat er das paritätische Mitbestimmungsrecht des Betriebsrats gemäß § 87 Abs. 1 Ziff. 7 BetrVG zu beachten.

BAG vom 23.9.1986 (Az.: 1 AZR 83/85) – DB 1987, S. 337

Mitbestimmung bei der Kleiderordnung
– § 87 Abs. 1 Ziffer 1 BetrVG –

Bei bestimmten Berufen ist eine einheitliche Dienstkleidung notwendig oder üblich. Das gilt beispielsweise für Angehörige von Luftfahrtgesellschaften. Will eine Airline ihrem Bodenpersonal die nähere Ausgestaltung der Dienstkleidung vorschreiben, so unterliegt eine derartige „Trageordnung" der erzwingbaren Mitbestimmung des Betriebsrats.

Dieses paritätische Mitbestimmungsrecht ergibt sich aus § 87 Abs. 1 Ziffer 1 BetrVG; die Kleiderordnung ist eine Frage der Ordnung des Betriebs und des Verhaltens der Arbeitnehmer.

LAG Köln vom 8.6.1988 (Az.: 5 Ta BV 19/88) – DB 1989, S. 684

Mitbestimmung bei übertariflicher Zulage
– § 87 Abs. 1 Ziff. 10 BetrVG –

In vielen Branchen ist es üblich, betriebliche Zulagen zum Tarifentgelt zu zahlen. Das Bundesarbeitsgericht hatte bisher ein Mitbestimmungsrecht für eine freiwillige außertarifliche Zulage verneint (Entsch. v. 31.1.1984, BB 1984, S. 532).

Diese seine Rechtsprechung hat der Erste Senat jetzt ausdrücklich aufgegeben und ausgesprochen, der Betriebsrat habe mitzubestimmen, wenn der Arbeitgeber allgemein eine betriebliche Zulage gewährt, deren Höhe von ihm aufgrund individueller Entscheidung festgelegt wird.

BAG vom 17.12.1985 (Az.: 1 ABR 6/84) – BB 1986, S. 734

Mitbestimmung bei Funktionsbeschreibungen
– §§ 87, 94, 95 BetrVG –

Instrumente der Personalplanung sind nicht mitbestimmungspflichtig. Nach diesem Grundsatz hatte das Bundesarbeitsgericht bereits ein Mitbestimmungsrecht des Betriebsrats bei der Anfertigung von Stellenbeschreibungen (Beschluß vom 31.1.1984, DB 1984, S. 1199) und Anforderungsprofilen (Beschluß vom 31.5.1983, DB 1983, S. 2311) verneint.

Nunmehr war zu entscheiden, wie es sich bei sog. Funktionsbeschreibungen verhält. Sie werden vom Bundesarbeitsgericht als Beschreibung von Aufgaben für eine Gruppe von Stelleninhabern mit vergleichbaren Tätigkeiten verstanden. Konsequenterweise kommt das Gericht auch für Funktionsbeschreibungen zu dem Ergebnis, daß ein Mitbestimmungsrecht des Betriebsrats nicht besteht.

BAG vom 14.1.1986 (Az.: 1 ABR 82/83) – DB 1986, S. 1286

Mitbestimmung bei Umgruppierung von AT-Angestellten
– § 99 Betr.VG –

Seit langem ist anerkannt, daß der Begriff „Umgruppierung" nicht nur die Einordnung in eine neue Tarifgruppe umfaßt, sondern auch die Zuordnung zu einer anderen AT-Vergütungsgruppe.

Das gilt – wie jetzt das Bundesarbeitsgericht für Recht erkannt hat – auch dann, wenn die AT-Vergütungsordnung vom Arbeitgeber einseitig, d. h. womöglich unter Verletzung des Mitbestimmungsrechts des Betriebsrats, aus § 87 Abs. 1 Ziff. 10 BetrVG aufgestellt worden ist.

BAG vom 28.1.1986 (Az.: 1 ABR 8/84) – DB 1986, S. 1398

Mitarbeiterversammlung
– §§ 42 ff. BetrVG –

Unsicherheit besteht bei Arbeitgebern und Betriebsräten über Zulässigkeit und Ablauf sogenannter Mitarbeiter- oder Belegschaftsversammlungen. Während die Betriebsversammlung eine gesetzlich geregelte Veranstaltung des Betriebsrats ist, handelt es sich bei der Belegschaftsversammlung um eine Einrichtung des Arbeitgebers für seine Mitarbeiter.

Eine solche Versammlung ist – entsprechend der herrschenden Meinung – zulässig. Der Arbeitgeber kann auf ihr alle betriebsbezogenen Fragen besprechen, also auch solche, die zugleich Themen einer Betriebsversammlung sein können. Betriebsratsmitglieder haben auf Belegschaftsversammlungen jedenfalls dann kein Rederecht, wenn ganz allgemein nur die Einreichung schriftlicher Fragen zugelassen ist. Dabei mag es dahinstehen, ob diese – rechtlich zulässige – Art der Versammlungsgestaltung den Prinzipien moderner Personalführung entspricht.

LAG Düsseldorf vom 15.2.1985 (Az.: 2 Ta BV 14/85) – DB 1985, S. 872

Initiativrecht des Betriebsrats bei der Einführung von Kurzarbeit
– § 87 Abs. 1 Ziff. 3 BetrVG –

Es gehörte seit Anbeginn der Geltung des Betriebsverfassungsgesetzes zu den gesicherten Platitüden, daß dem Betriebsrat im Rahmen des § 87 ein Initiativrecht zustehe, soweit sein Mitbestimmungsrecht reiche. Diese Reichweite aber war häufig die Streitfrage.

So blieb lange Zeit umstritten, ob der Betriebsrat ein derartiges Inititativrecht bei der Einführung von Kurzarbeit habe, sie also verlangen und gegebenenfalls über einen Spruch der Einigungsstelle erzwingen könne.

Dafür sprach vor allem die Überlegung, mit der Einführung von Kurzarbeit könnten womöglich Entlassungen vermieden werden. Dieser Aspekt hat das BAG veranlaßt, dem Betriebsrat ein Initiativrecht zuzusprechen.

BAG vom 4.3.1986 (Az.: 1 ABR 15/84) – BB 1986, S. 1641

Wirksamkeit von Abmahnungen
– § 102 BetrVG –

Abmahnungen spielen im Kündigungsverfahren eine große Rolle. Insbesondere bei verhaltensbedingten Kündigungen möchte der Betriebsrat – wie später übrigens im Kündigungsschutzprozeß der Richter – gern wissen, ob gegenüber dem Arbeitnehmer zuvor schon eine Abmahnung erklärt worden ist. Oft taucht dann die Frage auf, nach welcher Zeit eigentlich eine solche Abmahnung ihre Wirkung verliert.

Das LAG Hamm hat jetzt eine pragmatische Lösung gefunden, indem es eine Frist von zwei Jahren genannt hat, nach der eine Abmahnung ihre Wirkung einbüßen soll. Dies erscheint reichlich kurz; in der betrieblichen Praxis ist man bisher eher – wenn überhaupt – von einer Frist von drei Jahren ausgegangen. Es bleibt abzuwarten, wie das Bundesarbeitsgericht auf die zugelassene Revision reagiert.

LAG Hamm vom 14.5.1986 (Az.: 2 Sa 320/86) – BB 1986, S. 1296

Telefondatenerfassung im Betrieb
– § 87 BetrVG –

Die technische Entwicklung wirft immer neue rechtliche Streitfragen auf. Seit ein paar Jahren ist die Telefondatenerfassung umstritten. Einige Instanzgerichte trieben das ohnehin reichlich strapazierte sogenannte informationelle Selbstbestimmungsrecht des Betriebsbürgers so weit, daß der Arbeitgeber beim Ermitteln der Gebühren für – von ihm erlaubte – Privatgespräche seiner Mitarbeiter in Schwierigkeiten geriet.

Das Bundesarbeitsgericht hat den Spruch einer Einigungsstelle bestätigt, der die Erfassung von Daten in folgendem Umfang regelte:

- Dienstgespräche und dienstlich veranlaßte Privatgespräche: Datum, Uhrzeit und Dauer des Gesprächs sowie die Zielnummer (Nummer des Angerufenen);
- reine Privatgespräche: Datum, Uhrzeit und Dauer des Gesprächs sowie die angefallenen Gebühren.

BAG vom 27.5.1986 (Az.: 1 ABR 48/84) – DB 1986, S. 1287

Aushang von „Fehlzeiten" des Betriebsrats
– § 23 BetrVG –

Die Zusammenarbeit mancher Betriebspartner läßt zu wünschen übrig; in einigen Fällen findet sie einfach nicht statt. Man spricht nicht mehr miteinander, und jeder versucht, erlittene Unbill zu rächen.

So mag es denn geschehen, daß ein Arbeitgeber seinen Mitarbeitern durch Rundbrief oder am Schwarzen Brett kundtut, wieviel eigentliche Arbeitszeit Betriebsratsmitglieder mit Krankheiten, Seminaren und Sitzungen verbringen. Das darf der Arbeitgeber nicht; er hat in grober Weise den Betriebsfrieden gestört, und der Betriebsrat kann Unterlassung verlangen. Am Pranger muß niemand stehen, auch nicht ein Betriebsrat.

ArbG Verden vom 14.4.1989 (Az.: 1 BV 5/89) – DB 1989, S. 1580

Kilometergeld – kein Arbeitsentgelt
– § 37 Abs. 2 BetrVG –

Nach § 37 Abs. 2 BetrVG ist das Betriebsratsmitglied hinsichtlich seines Entgelts während seiner Amtstätigkeit so zu stellen, wie es stünde, hätte es gearbeitet; es gilt also das Lohnausfallprinzip.

Zweifelhaft kann sein, was im einzelnen zum Arbeitsentgelt gehört und was zum nicht fortzuzahlenden bloßen Aufwendungsersatz. Klarheit hat nunmehr das Bundesarbeitsgericht hinsichtlich einer pauschalierten Fahrkostenerstattung geschaffen, dem Kilometergeld für Monteure. Es gehört nicht zum Arbeitsentgelt, ist also nur bei tatsächlicher Montagetätigkeit zu zahlen, nicht im Krankheitsfalle und nicht bei Betriebsratsarbeit.

BAG vom 14.9.1988 (Az.: 7 AZR 753/87) – DB 1989, S. 1775

Referent als Sachverständiger?
– §§ 45, 80 Abs. 3 BetrVG –

Die erforderlichen Kosten der Betriebsratstätigkeit trägt der Arbeitgeber, § 40 BetrVG. Eingeschränkt wird dieser Grundsatz durch § 80 Abs. 3 BetrVG. Danach bedarf es im Falle der Hinzuziehung eines Sachverständigen einer näheren Vereinbarung mit dem Arbeitgeber. Die Gesetzesmacher – selbst oft Auftraggeber – wußten offenbar: Sachverständige können teuer sein. Kommt eine Einigung nicht zustande, entscheidet das Gericht darüber, ob ein Sachverständiger erforderlich ist.

Sachverständig im Sinne des Gesetzes kann auch sein, wer in einer Betriebsversammlung ein „sachverständiges Referat" hält. In diesem Falle sind in die erforderliche nähere Vereinbarung mit dem Arbeitgeber die Person des Sachverständigen, das Thema und die Kosten einzubeziehen.

BAG vom 19.4.1989 (Az.: 7 ABR 87/87) – DB 1989, S. 1774

Gewerkschaftsaktionen auf Arbeitgeberkosten
– § 40 BetrVG –

Nicht immer werden gewerkschaftspolitische und betriebsrätliche Tätigkeit sorgfältig auseinandergehalten. Der Unterschied wird dem Arbeitgeber jedoch spätestens dann wichtig, wenn es um die Kosten geht. Nach § 40 BetrVG trägt er die Kosten des Betriebsrats. Nicht die der Gewerkschaften.

Wenn nun eine Gewerkschaft z. B. Druckschriften mit einer eindeutig gewerkschaftspolitischen Zielsetzung im Betriebsratsbüro fotokopieren läßt, so muß der Arbeitgeber dies nicht dulden.

LAG Frankfurt vom 20.8.1987 (Az.: 12 Ta BV 56/87) – DB 1988, S. 51

Aufforderung zum Gewerkschaftsaustritt
– §§ 2, 75 BetrVG, Art. 9 GG –

Man staunt, was Prozeßparteien so alles durch die Instanzen schleppen. Es sollte sich doch bei Arbeitgebern und Betriebsräten herumgesprochen haben, daß das Grundgesetz den Bestand von Koalitionen garantiert und daß es den Betriebsparteien verwehrt ist, Betriebsangehörige je nach Einstellung zu einer Gewerkschaft unterschiedlich zu behandeln.

Ein Bewerber ist noch kein Betriebsangehöriger, mag sich ein Arbeitgeber gedacht haben, als er einer Stellensuchenden – es handelte sich um eine Verkäuferin – schrieb, er sei bereit sie einzustellen, wenn sie aus der DAG austrete. Wie es unvertretbar war, daß sog. gemeinwirtschaftliche Unternehmen die Festanstellung von Mitarbeitern von dem Beitritt zu einer Gewerkschaft abhängig gemacht haben, so ist es ebenso verwerflich, wenn einer als Voraussetzung der Einstellung den Austritt aus der Gewerkschaft fordert.

Das Grundgesetz schützt die Koalitionsfreiheit, die negative wie die positive. Der Arbeitgeber kann von seiner Vertragsfreiheit nur im Rahmen der verfassungsmäßigen Ordnung Gebrauch machen; sie aber verbietet einen solchen rechtswidrigen Angriff auf den Bestand einer Gewerkschaft.

BAG vom 2.6.1987 (Az.: 1 AZR 651/85) – BB 1987, S. 1179

Keine Beteiligungsrechte in Gesellschafterangelegenheiten
– § 106 BetrVG –

Mancher Wirtschaftsausschuß würde zu gern einmal einen Blick hinter die Kulissen des Gesellschaftertreibens werfen. Er bleibt ihm verwehrt. Wenn etwa Gesellschaftsanteile veräußert werden, so hat der Wirtschaftsausschuß zwar einen Anspruch darauf, zu erfahren, wer denn der neue Gesellschafter ist und ob etwa Absprachen über die künftige Unternehmenspolitik getroffen wurden oder nicht.

Es bleibt ihm jedoch verwehrt, Einblick in den Veräußerungsvertrag zu nehmen oder den Kaufpreis zu erfahren. Das ist allein Privatsache der Gesellschafter.

LAG Düsseldorf vom 29.3.1989 (Az.: 4 TaBV 182/88) – DB 1989, S. 1088

Literaturverzeichnis

Affemann, R. (1980): Führung- und Führungspersönlichkeit – Persönlichkeitsbildung, Institut Mensch und Arbeitswelt, Stuttgart 1980

Browa, H. (1988): Innovationsorientierte Personalpolitik, in: Personalführung 1988

Bundesvereinigung der deutschen Arbeitgeberverbände (1988): Instrumente der Personalarbeit, 4. Aufl., Köln 1988

Bundesvereinigung der Deutschen Arbeitgeberverbände (1990): Betriebliches Umweltmanagement, Herford und Bonn 1990

Christoffel, H. G. (1990): Die große Steuerreform, 3. Aufl., Freiburg i. Br. 1990

Dreyer, H. (1988/89): Zukunftsorientierte Führung in der Praxis, in: Natech Jahrbuch 1988/89

Eckermann, J. P. (1962): Gespräche mit Goethe, 3. Aufl., Berlin 1962

Formularvordruck „Probezeitbeurteilung",* hrsg. vom Rudolf Haufe Verlag (Best. Nr. 92.05), Freiburg i. Br. 1990

Formularvordruck „Stellenbeschreibung",* hrsg. vom Rudolf Haufe Verlag (Best. Nr. 93.08), Freiburg i. Br. 1990

Freilinger, C. (1978): Berufszufriedenheit und Mitarbeiter-Information, in: Management heute 1978, S. 25 ff.

Gungler, E., Martin, A. (1979): Personalunterschiede bei Klein-, Mittel- und Großbetrieben, in: PERSONAL 1979

Gellermann, S. W. (1972): Motivation und Leistung, Düsseldorf und Wien 1972

Glaubrecht, H., Halberstadt, G., Zander, E. (1977): Betriebsverfassung in Recht und Praxis, Loseblatt, Freiburg i. Br. 1977 ff.

Glaubrecht, W., Wagner, D., Zander, E. (1988): Arbeitszeit im Wandel, 3. Aufl., Freiburg i. Br. 1988

Goslich, L. (1988): Der Europa-Manager ist kein Mensch wie jeder andere, in: Frankfurter Allgemeine Zeitung vom 6. 12. 1988

Grawert, A. (1989): Die Motivation der Arbeitnehmer durch betrieblich beeinflußbare Sozialleistungen, in: Hochschulschriften zum Personalwesen, Bd. 8, Hrsg. von Hummel, R., Wagner, D., Zander, E., München und Meving 1989

---

* Die hier genannten Formulare sind beim Rudolf Haufe Verlag erhältlich und als Mustersammlung in einer Broschüre zusammengefaßt, die kostenlos vom Verlag angefordert werden kann.

Hemmer, E. (1989): Sozialpläne aus der Sicht der Betriebspraxis, in: Personalführung 1989, S. 188 ff.

Hersey, P., Blanchard, K. H. (1977): Management of organizational behavior: Utilizing human ressources, Englewood Cliffs 1977

Herzberg, F. (1959): The Motivation to Work, 2. Aufl., New York 1959

Industrie- und Handelskammer Koblenz (1988): Unternehmen und Gemeinwohl, Koblenz 1988

Institut für Ökologie und Unternehmensführung/Institut für Wirtschaft und Gesellschaft (1989): Verantwortung für die Zukunft, Bonn 1989

Ischebeck, W. (1988): Die Bedeutung der Informationstechnik für den Mittelstand, unveröffentlichtes Vortragsmanuskript, o. O. 1988

Jacobi, J. (1989): Begründung betrieblicher Weiterbildung, in: Grundlagen der Weiterbildung, Neuwied 1989, S. 4

Knebel, H. (1989): Das Vorstellungsgespräch, 10. Aufl., Freiburg i. Br. 1989

Knebel, H., Zander, E. (1982): Der zweite Lohn, Bonn 1982

Knebel, H., Zander, E. (1984): Neue Entwicklungen bei der Arbeit, Entgelt und Führung; Beiträge zum Symposium „Analytik '84", hrsg. von: Knebel, H., Zander, E., Freiburg i. Br. 1984

Knebel, H., Zander, E. (1987): Neue Arbeitswelt und neue Führungsorganisation: Bewertungen und Forderungen der Sozialpartner, hrsg. von Knebel, H., Zander, E., Freiburg i. Br. 1987

Knebel, H., Zander, E. (1989): Arbeitsbewertung und Eingruppierung, 2. Aufl., Heidelberg 1989

Kommenacher, A. (1981): Krisenmanagement, Zürich 1981

Kramer, W. (1988): Qualitätssicherung als Führungsaufgabe, in: PERSONAL 1988, S. 350 ff.

Krause, H., Zander, E. (1982): Arbeitssicherheit leicht gemacht, 3. Aufl., Freiburg i. Br. 1982

Lauterburg, Ch. (1978): Vor dem Ende der Hierarchie, Düsseldorf und Wien 1978

Luders, P.-J. (1973): „Lieber mal zu früh informieren", in: Personalführung 1973, S. 128 ff.

Maslow, A. H. (1954): Motivation and Personality, New York 1954

Müller, H. (1990): Das RKW: Partner für erfolgreiche Unternehmensentwicklung, Eschborn 1990

Naisbitt, J., Arbudene, P. (1986): Megatrends des Arbeitsplatzes, München 1986

Neuberger, O. (1984): Führung, Stuttgart 1984

Neumann, E. (1972): Wer ist für die Arbeitssicherheit verantwortlich?, in: Arbeitssicherheit Handbuch für Unternehmensleitung, Betriebsrat und Führungskräfte, hrsg. von Krause, H., Zander, E., Loseblatt, Freiburg 1972 ff., Gr. 3, S. 27 ff.

o. V. (1982): Mittelständische Unternehmen, Probleme und Zukunftschancen, in: Der Arbeitgeber 1982, S. 188

o. V. (1989): Die Mobilität der Bürger Europas, die Anerkennung von Diplomen und beruflicher Qualifikation, in: EG-Spezial 1989, Nr. 14, S. 1 ff.

o. V. (1990): Haben die Klein- und Mittelunternehmen den Binnenmarkt-Fahrplan verschlafen?, in: Handelsblatt vom 6.4.1990

Pillat, R. (1989): Neue Mitarbeiter – erfolgreich anwerben, auswählen und einsetzen, 5. Aufl., Freiburg i. Br. 1989

Reddin, W. J. (1981): Das 3-D-Programm zur Leistungssteigerung des Managements, Landsberg am Lech 1981

Reichling, J. (1987): Aufgaben und Leistungen eines Bildungswerks für die Weiterbildung in Klein- und Mittelbetrieben, in: Kongreß: Beruf und Weiterbildung, hrsg. von: Göbel, U., Schlaffke, W., o. O. 1987

Schwalbe, H., Zander, E. (1987): Mitarbeiter im Verkauf, in: Der Verkaufsberater, Bd. III, hrsg. von Schwalbe, H., Zander, E., Freiburg i. Br. 1987

Schwalbe, H., Zander, E. (1990): Fördern durch Fordern, Köln 1990

Steiner, J. (1978): Klein- und Mittelbetriebe – Management – Probleme, in: Der Arbeitgeber 1978

Töpfer, A., Zander, E., (1985): Mitarbeiter-Befragungen, Frankfurt und New York 1985

Wahl, M. P. (1982): Gedanken zur Zukunftssicherung von Familienunternehmen, in: Beurle, Gneissat, Hartmann, (Hrsg.): Unternehmensführung im Zeichen wirtschaftlichen und sozialen Umbruchs, Bern und Stuttgart 1982, S. 153 ff.

Zander, E. (1977): Personalbeurteilung und Betriebsverfassung, in: Betriebsverfassung in Recht und Praxis, hrsg. von Glaubrecht, H., Halberstadt, G., Zander, E., Loseblatt, Freiburg i. Br. 1977 ff., Gr. 5, S. 55 ff.

Zander, E. (1977 a): Unterrichtung – ein Schwerpunkt der Betriebsverfassung, in: Betriebsverfassung in Recht und Praxis, hrsg. von Glaubrecht, H., Halberstadt, G., Zander, E., Loseblatt, Freiburg i. Br. 1977 ff; Gr. 1, S. 73 ff.

Zander, E. (1981): Arbeiter = Angestellte, 2. Aufl., Freiburg i. Br. 1981

Zander, E. (1982): Mitarbeiter informieren, 3. Aufl., Heidelberg 1982

Zander, E. (1986): Entgeltformen bei veränderten Technologien, Arbeitszeitstrukturen und Arbeitszeitregelungen, in: Zeitschrift für betriebswirtschaftliche Forschung (ZfbF) 1986, S. 289 ff.

Zander, E. (1990): Praxis des Führens, 7. Aufl., Heidelberg 1990

Zander, E. (1990 a): Lohn- und Gehaltsfestsetzung in Klein- und Mittelbetrieben, 9. Aufl., Freiburg i. Br. 1990

Zander., E. (1990 b): Handbuch der Gehaltsfestsetzung, 5. Aufl., München 1990

Zander, E. (1990 c): Personal- und Sozialprobleme im zukünftigen EG-Binnenmarkt, in: Schriften zur Unternehmensführung, Wiesbaden 1990

Zander, E., Glaubrecht, H. (1987): Personalpolitik – Gestaltungsmöglichkeiten in Unternehmen, München 1987

Zander, E., Knebel, H. (1982): Taschenbuch für Leistungsbeurteilung und Leistungszulagen, 2. Aufl., Heidelberg 1982

Zander, E., Knebel, H. (1989): Arbeitsbewertung und Eingruppierung, 2. Aufl., Heidelberg 1989

Zander, E., Robejsek, P. (1990): Prinzip Leistung – Stunde der Wahrheit für Osteuropa, Heidelberg und Berlin (Ost) 1990

Zander, E., Zander, E. (1990): Neue Apothekenbetriebslehre, 4. Aufl. Freiburg i. Br. 1990

Stichwortverzeichnis